Elogios a *Não Há Partes Ruins*

"Um grande presente — transformador, compassivo e sábio. Esses ensinamentos simples e brilhantes abrirão sua mente e libertarão seu espírito e seu coração."

Jack Kornfield, Ph.D.
Autor de *A Path with Heart*

"A terapia dos Sistemas Familiares Internos (IFS) e o entendimento de que todos nós temos partes valiosas que são forçadas a desempenhar papéis extremos para lidar com a dor e o desapontamento têm sido um grande avanço na terapia de trauma. A compreensão do papel que elas tiveram em nossa sobrevivência e ser capaz de aliviar os traumas originais levam à autocompaixão e ao equilíbrio interno. A percepção de que todas as nossas partes são bem-vindas é algo verdadeiramente revolucionário e abre caminho para a autoaceitação e a autoliderança. A IFS é um dos alicerces de uma terapia de trauma eficaz e duradoura."

Bessel van der Kolk, professor de Medicina
Autor de *O Corpo Guarda as Marcas*

"Neste livro elegante e extremamente acessível, o Dr. Richard Schwartz apresenta e ilustra, habilmente, seu modelo de Sistemas Familiares Internos, uma das terapias mais inovadoras, intuitivas, abrangentes e transformadoras que surgiram neste século."

Gabor Maté, professor de Medicina
Autor de *In the Realm of Hungry Ghosts: Close Encounters with Addiction*

"Com a nossa cultura alvoroçada sobre a importância da autoestima, da paz mundial, do despertar espiritual e da cura, poucos oferecem o "como". Como amar partes de nós mesmos que nos prejudicam ou prejudicam os outros? Como resolver nossos conflitos internos para que, assim, possamos participar da cura de um mundo dividido? Como despertar para o divino dentro de nós sem nos desviar de nossa humanidade? Como curamos traumas — e as doenças crônicas físicas e mentais que eles podem causar? Sem o "como", nós nos sentimos impotentes para viver em concordância com os valores centrais e o desejo de uma saúde ideal, que a maioria de nós almeja. Bem, não precisa esperar mais. Este livro oferece os "comos" pelos quais todos ansiamos, soluções sensatas que o ajudará a abrir o coração para as "partes" mais destrutivas, para que seu *self* divino possa estender a compaixão a elas, enquanto conduz ao caminho para a plenitude. Os Sistemas Familiares Internos mudam totalmente as regras do jogo. Não estou exagerando quando digo que este pode ser o livro mais transformador que você lerá."

Lissa Rankin, professora de Medicina
Autora de *Mind Over Medicine*, best-seller do *New York Times*

"Desde Freud, a terapia tem se referido e trabalhado com a psique como fragmentada, mas Richard Schwartz elevou o conceito a uma forma de arte magistral. Sua afirmação de que todas as partes, por mais equivocadas que sejam, têm um propósito e devem ser recebidas com compaixão, e não de forma antagônica, é quase uma revolução. *Não Há Partes Ruins* é, acredito, seu manifesto mais claro, abrangente e inspirador. Qualquer um interessado no IFS, na verdade, qualquer um interessado em uma vida mais feliz e menos conflituosa, deve devorar este trabalho pioneiro de mudança de vida."

Terry Real
Autor de *The New Rules of Marriage*

"Os Sistemas Familiares Internos oferecem um paradigma altamente eficaz, esperançoso e edificante para a compreensão e a cura das feridas e que está revolucionando a psicoterapia. Neste livro bem escrito, Richard Schwartz oferece o básico do IFS, uma série de exercícios para ajudá-lo a aprender a relacionar-se de forma aberta e compassiva com todas as suas partes internas — até mesmo com as mais temidas e difíceis — e com as fascinantes implicações espirituais do IFS. Essa abordagem mudará o modo como você se relaciona consigo mesmo e com os outros!"

Diane Poole Heller, Ph.D.
Autora de *The Power of Attachment*

"Você quer ser mais sábio, mais compassivo, estar em paz consigo mesmo e mais profundamente conectado com os outros? Este livro mostrará como. Com base em décadas de experiência clínica e prática contemplativa, o Dr. Schwartz oferece uma abordagem poderosa, prática e gradativa para a cura de danos sofridos no passado e a descoberta de nossa capacidade inata de amar, de clareza, de afeto e de sanidade. É uma leitura obrigatória para quem quer viver uma vida mais rica, livre, alegre e conectada."

Dr. Ronald D. Siegel
Professor assistente de psicologia na Harvard Medical School e autor de
The Mindfulness Solution: Everyday Practices for Everyday Problems

Não Há Partes Ruins

DR. RICHARD C. SCHWARTZ
Criador do movimento global de Sistemas Familiares Internos (IFS)

Não Há Partes Ruins

Curando Traumas e Restaurando a Plenitude com
O MODELO DE SISTEMAS FAMILIARES INTERNOS

Prefácio de
Alanis Morissette

ALTA BOOKS
GRUPO EDITORIAL
Rio de Janeiro, 2023

Não Há Partes Ruins

Copyright © 2023 da Starlin Alta Editora e Consultoria Eireli.
ISBN: 978-65-5520-792-7

Translated from original No bad parts. Copyright © 2021 Richard C. Schwartz and Alanis Morissette.Foreword. ISBN 9781683646686. This translation is published and sold by permission of Sounds True Boulder, the owner of all rights to publish and sell the same. PORTUGUESE language edition published by Starlin Alta Editora e Consultoria Eireli, Copyright © 2023 by Starlin Alta Editora e Consultoria Eireli.

Impresso no Brasil — 1ª Edição, 2023 — Edição revisada conforme o Acordo Ortográfico da Língua Portuguesa de 2009.

Todos os direitos estão reservados e protegidos por Lei. Nenhuma parte deste livro, sem autorização prévia por escrito da editora, poderá ser reproduzida ou transmitida. A violação dos Direitos Autorais é crime estabelecido na Lei nº 9.610/98 e com punição de acordo com o artigo 184 do Código Penal.

A editora não se responsabiliza pelo conteúdo da obra, formulada exclusivamente pelo(s) autor(es).

Marcas Registradas: Todos os termos mencionados e reconhecidos como Marca Registrada e/ou Comercial são de responsabilidade de seus proprietários. A editora informa não estar associada a nenhum produto e/ou fornecedor apresentado no livro.

Erratas e arquivos de apoio: No site da editora relatamos, com a devida correção, qualquer erro encontrado em nossos livros, bem como disponibilizamos arquivos de apoio se aplicáveis à obra em questão.

Acesse o site **www.altabooks.com.br** e procure pelo título do livro desejado para ter acesso às erratas, aos arquivos de apoio e/ou a outros conteúdos aplicáveis à obra.

Suporte Técnico: A obra é comercializada na forma em que está, sem direito a suporte técnico ou orientação pessoal/exclusiva ao leitor.

A editora não se responsabiliza pela manutenção, atualização e idioma dos sites referidos pelos autores nesta obra.

Dados Internacionais de Catalogação na Publicação (CIP) de acordo com ISBD

S399n   Schwartz, Dr. Richard C.
           Não Há Partes Ruins: Curando Traumas e Restaurando a Plenitude com o Modelo de Sistemas Familiares Internos / Dr. Richard C. Schwartz ; traduzido por Lívia Rosa Rodrigues. - Rio de Janeiro : Alta Books, 2023.
           224 p. ; 16cm x 23cm.

           Tradução de: No Bad Parts
           Inclui índice.
           ISBN: 978-65-5520-792-7

           1. Psicoterapia. I. Rodrigues, Lívia Rosa. II. Título.

CDD 155.93
2022-3611   CDU 159.942

Elaborado por Vagner Rodolfo da Silva - CRB-8/9410

Índice para catálogo sistemático:
1. Psicoterapia 155.93
2. Psicoterapia 159.942

Produção Editorial
Grupo Editorial Alta Books

Diretor Editorial
Anderson Vieira
anderson.vieira@altabooks.com.br

Editor
José Ruggeri
j.ruggeri@altabooks.com.br

Gerência Comercial
Claudio Lima
claudio@altabooks.com.br

Gerência Marketing
Andréa Guatiello
andrea@altabooks.com.br

Coordenação Comercial
Thiago Biaggi

Coordenação de Eventos
Viviane Paiva
comercial@altabooks.com.br

Coordenação ADM/Finc.
Solange Souza

Coordenação Logística
Waldir Rodrigues
logistica@altabooks.com.br

Direitos Autorais
Raquel Porto
rights@altabooks.com.br

Produtora Editorial
Maria de Lourdes Borges

Produtores Editoriais
Illysabelle Trajano
Paulo Gomes
Thales Silva
Thiê Alves

Equipe Comercial
Adenir Gomes
Ana Carolina Marinho
Ana Claudia Lima
Daiana Costa
Everson Sete
Kaique Luiz
Luana Santos
Maira Conceição
Natasha Sales

Equipe Editorial
Ana Clara Tambasco
Andreza Moraes
Arthur Candreva
Beatriz de Assis
Beatriz Frohe

Betânia Santos
Brenda Rodrigues
Erick Brandão
Elton Manhães
Fernanda Teixeira
Gabriela Paiva
Henrique Waldez
Karolayne Alves
Kelry Oliveira
Lorrahn Candido
Luana Maura
Marcelli Ferreira
Matheus Mello
Milena Soares
Patricia Silvestre
Viviane Corrêa
Yasmin Sayonara

Marketing Editorial
Amanda Mucci
Guilherme Nunes
Livia Carvalho
Pedro Guimarães
Thiago Brito

Atuaram na edição desta obra:

Tradução
Lívia Rosa Rodrigues

Revisão Gramatical
Alessandro Thomé
Ana Mota

Copidesque
Caroline Suiter

Diagramação
Joyce Matos

Capa
Rita Motta

Editora afiliada à: ASSOCIADO

Rua Viúva Cláudio, 291 – Bairro Industrial do Jacaré
CEP: 20.970-031 – Rio de Janeiro (RJ)
Tels.: (21) 3278-8069 / 3278-8419
www.altabooks.com.br – altabooks@altabooks.com.br
Ouvidoria: ouvidoria@altabooks.com.br

Se uma indústria é destruída, mas a racionalidade que
a produziu não for aniquilada, então essa racionalidade
simplesmente produzirá outra indústria. Se uma revolução
derrubar um governo, mas conservar intactos os padrões de
pensamento que o produziram, então
esses padrões se repetirão.[1]

ROBERT PIRSIG

Eu costumava pensar que os principais problemas ambientais
eram a redução da biodiversidade, o colapso do ecossistema
e a mudança climática. Eu achava que trinta anos de boa
ciência poderiam resolver esses problemas. Eu estava errado.
Os principais problemas ambientais são o egoísmo,
a ganância e a apatia; e, para lidarmos com eles,
precisamos de uma transformação cultural e espiritual.
E nós, cientistas, não sabemos como fazer isso.[2]

GUS SPETH

Aconteceu de repente, como se eu visse a beleza secreta de
seus corações, a profundidade deles, onde nem o pecado, o
desejo ou o autoconhecimento podem alcançar, o centro da
realidade de cada um, a pessoa que cada um é aos olhos de
Deus. Se ao menos todos pudessem ver a si mesmos como
realmente são... Se ao menos pudéssemos ver uns aos outros
sempre dessa maneira. Não haveria mais guerras, nem ódio,
crueldade ou ganância. Suponho que o maior problema seria
que cairíamos de joelhos em adoração uns pelos outros.[3]

THOMAS MERTON

Agradecimentos

Há um grande número de pessoas para agradecer que contribuíram para o desenvolvimento do modelo IFS — demais até para o espaço que temos disponível. No entanto, para este livro em particular, posso identificar várias figuras importantes. No início, eu era conduzido — às vezes, gritando e esperneando — às explicações espirituais sobre os fenômenos que encontrávamos nos clientes por vários colegas pesquisadores: Michi Rose, Tom Holmes, Susan McConnell, Kay Gardner, Paul Ginter, Toni Herbine Blank e o falecido Ron Kurtz, o desenvolvedor da terapia Hakomi.* Depois, eu apreciava comparar anotações e receber orientações de uma mística sufi,† Cindy Libman, e, durante a última década, fazer intercâmbios de sessões intensas com Carey Giles. Também gostaria de a agradecer muitos dos nossos instrutores atuais que são espiritualmente orientados e compartilharam comigo o desenvolvimento de muitas dessas ideias.

Também desfrutei colaborações de Loch Kelly, Lama John Makransky, Lama Willa Miller e Ed Yeats, da tradição Budista Tibetana; e dos cristãos Mary Steege, Jenna Riemersma e Molly LaCroix. Bob Falconer fez a maioria da pesquisa para nosso livro *Many Minds, One Self* [Muitas

---

* Terapia Hakomi — É uma forma de psicoterapia somática centrada na atenção plena, desenvolvida por Ron Kurtz na década de 1970. [Nota da Revisora, doravante N. da R.]

† Sufismo — Vertente mística existente dentro do islamismo. Baseia-se na ideia de que o espírito humano é uma emanação do espírito divino. Nela, um sufi deve buscar a reintegração com o divino por meio do canto e da dança. [N. da R.]

Mentes, Um Self, em tradução livre], o que também aprofundou minha apreciação pela onipresença do Eu em várias tradições espirituais. Também gostaria de agradecer a Bob Grant pela orientação sobre as viagens de cetamina, que me deu mais convicção sobre os aspectos espirituais deste trabalho.

Minha apreciação inicial sobre a ideia dos sistemas foi reforçada durante meu tempo como aluno do falecido Doug Sprenkle, assim como pelas colaborações de Doug Breunlin e Howard Liddle. Embora nunca tenha estudado diretamente com ele, o falecido Salvador Minuchin foi o maior influenciador do IFS. Aprendi com o falecido Reggie Goulding sobre o impacto do trauma nos sistemas internos e gostaria de agradecer a Bessel van der Kolk pelo trabalho pioneiro que validou e reforçou aquelas descobertas. Encontrei validação semelhante no trabalho de Gabor Maté e em conversas com ele sobre vícios e sintomas clínicos.

Sinto-me muito bem atendido pela editora Sounds True. Eles me agraciaram com um grande editor, Robert Lee. No início do processo, ele abraçou a ideia e colocou seu coração em uma grande reorganização, o que melhorou enormemente o livro. Também sou grato pela criatividade de Jennifer Yvette Brown e pelo interesse e apoio de Tami Simon.

E, finalmente, quero agradecer ao meu irmão Jon por me deixar livre para explorar tudo isso, fazendo um grande trabalho gerenciando o Instituto IFS pela última década, como também minha esposa e copesquisadora, Jeanne Catanzaro, que tem uma surpreendente intuição e fez contribuições importantes para meu pensamento sobre essas questões.

Sobre o Autor

O Dr. Richard C. Schwartz iniciou sua carreira como terapeuta e acadêmico da terapia sistêmica familiar. Baseado no pensamento sistêmico, desenvolveu os Sistemas Familiares Internos (IFS) em resposta às descrições de pacientes sobre várias partes de si mesmos. Ao explorar esse terreno interno com pacientes traumatizados, ele se deparou com uma essência não danificada e curativa, que ele chama de *self* e que o levou à jornada espiritual descrita neste livro. Palestrante de renome para organizações, o Dr. Schwartz publicou vários livros e mais de cinquenta artigos sobre o IFS, que se tornou um movimento global. Saiba mais em ifs-institute.com [conteúdo em inglês].

Sumário

PREFÁCIO	XV
INTRODUÇÃO	1
PARTE UM: SISTEMAS FAMILIARES INTERNOS	5
CAPÍTULO UM: Somos Todos Múltiplos	7
Exercício: Conhecendo um Protetor	25
Exercício: Mapeando suas Partes	28
CAPÍTULO DOIS: Por que as Partes Se Combinam	31
Exercício: Separação e Corporificação	35
CAPÍTULO TRÊS: Isso Muda Tudo	51
Exercício: Meditação do Dilema	54
Exercício: Trabalhando com uma Protetora Desafiadora	57
CAPÍTULO QUATRO: Mais dos Sistemas	61
Exercício: Meditação Diária do IFS	72
CAPÍTULO CINCO: Mapeando Nossos Sistemas Internos	75

PARTE DOIS: LIDERANÇA DO *SELF* — 89

CAPÍTULO SEIS: Cura e Transformação — 91
Exercício: O Caminho — 95

Exercício: Acessando o Self por meio da Divisão — 99

CAPÍTULO SETE: O *Self* em Ação — 111

CAPÍTULO OITO: Visão e Propósito — 131
Exercício: Simulação de Incêndio — 137

Exercício: Meditação Sobre a Tristeza — 139

PARTE TRÊS: *SELF* NO CORPO, *SELF* NO MUNDO — 151

CAPÍTULO NOVE: Lições da Vida e Tor-Mentores — 153
Exercício: Mapeamento Avançado das Partes — 157

Exercício: Trabalhando com Gatilhos — 160

CAPÍTULO DEZ: As Leis da Física Interior — 163
Exercício: Trabalho Avançado da Protetora — 167

CAPÍTULO ONZE: Corporeidade — 175
Exercício: Meditação do Corpo — 187

PENSAMENTOS FINAIS — 189

NOTAS — 195

ÍNDICE — 199

Prefácio

Lembro-me do momento em que fui formalmente apresentada ao trabalho dos Sistemas Familiares Internos (IFS) de Dick Schwartz. Viajei para Asheville, Carolina do Norte, em meio a um segundo surto de depressão pós-parto para abordar os fundamentos do meu excesso de trabalho, de doação e esgotamento crônico. Esse estilo de vida tem se tornado cada vez mais normalizado e reconhecido, mesmo quando continua a devastar nossa vida física e emocional, além de nossos relacionamentos. Passei vários dias com Bryan Robinson, que é referência na recuperação do vício em trabalho. Eu estava profundamente comprometida a olhar para os elementos do meu mundo interior, que me mantinham paralisada, embora frenética na esteira cada vez mais acelerada da vida. Lembro-me perfeitamente de olhar para Bryan em um ponto no meio de uma investigação profunda e perguntar: "O que é isso, Bryan?" E ele disse: "Isso são os Sistemas Familiares Internos." Sorri ao ver como esse trabalho era elegante, profundamente gentil e abrangente e o quanto encontrei, mais facilmente, a sede da consciência à medida que dialogava com as diversas partes de mim, e algumas delas estavam gritando por atenção há muito tempo. Foi fazendo o IFS que encontrei uma âncora, um lugar de neutralidade terna e de testemunhos interessantes, uma autocompaixão que havia sido quase impossível eu oferecer à minha própria psique.

Eu sou uma "garota de partes" desde que me lembro. Sempre fui obcecada por nossa complexa, frágil, multifacetada e fascinante condição humana. Quando comecei a trabalhar com o IFS, fui impulsionada pela ideia de retornar ao nosso direito inato de plenitude, oferecendo atenção e cuidado para cada "parte" de mim mesma, uma vez que a parte se apresentava de forma adorável, assustadora, incessante e, por vezes, calorosa. Era encorajador que minha parte zangada, minha parte materna, minha parte artística, minha parte financeiramente responsável (ou irresponsável!) e minha parte de espírito livre poderiam, de alguma forma, trazer sabedoria para mim, mas somente se eu abrisse meu coração e minha curiosidade a ela. Cada parte — por mais assustadora, esclarecedora ou misteriosa que fosse — poderia oferecer sabedoria, consolo ou perspectiva. Percebi essas partes internas como mensageiras. Conversar com elas poderia me proporcionar orientações e perspectivas úteis. O sistema todo dos meus muitos "eus" poderia, assim, se integrar na minha personalidade e na vida cotidiana. Essas partes poderiam até mesmo dialogar *com* e *entre si*, facilitado pelo meu *self* elevado. Fazendo isso, surgiriam clareza, ideias ou respostas para questões aparentemente insuperáveis e complicadas da minha vida. Essas respostas surgiriam rápidas e furiosas conforme eu me comunicava por meio de palavras, da escrita, do movimento e da arte com as muitas partes internas, até mesmo e, principalmente, com as partes que mais me assustavam.

No meu mundo interno, encontrei minha própria raiva assassina, vergonha, terrores, depressão, dores, anseios, humilhações e pesares. Além dessas partes "obscuras" ou "más" que pareciam querer me condenar a padrões repetidos e a hábitos dolorosos, havia, igualmente, partes "de luz" ou "boas", que também exigiam minha coragem para me abrir às partes visionárias; generosas; inteligentes; de liderança; de talento, sensíveis e empáticas. Algumas partes pareciam ter mais facilidade para dialogar com as outras. Algumas se sentiram mais inseguras e ameaçadas para participar. Quanto mais profundamente eu seguia no trabalho do IFS de Dick, mais suas palavras e seus ensinamentos soavam libertadoramente verdadeiros. Cada parte, por mais angustiante, dissimulada, confusa ou dolorosa que fosse sua atuação, tinha a melhor das intenções e trazia mensagens úteis para mim. Sem exceção, *cada* parte, seja ela uma exilada, diretora ou protetora, tinha percepções profundamente amáveis e sábias para mim e para meu *self* mais elevado, se eu tivesse tempo para ficar ali com elas.

No processo de me familiarizar cada vez mais com o IFS, surgiu um rico senso de espiritualidade. Foi a recompensa comovente por permitir que essa curiosidade abrisse lentamente meu coração. Compreendi que esse *self* que dialoga com todas as partes egoístas *é* a minha alma/a alma. Permanecer nessa consciência me permitiu uma sensação direta e física de deus/amor/espírito/compaixão. Percebi que o verdadeiro diálogo começou quando eu encontrei a "sede" do *self*. Eu o identificaria, quando comecei a sentir falta do programa do IFS dos "oito Cs": criatividade, coragem, curiosidade, (noção de) conexão, compaixão, clareza, calma e confiança. O que tinha achado assustador a minha vida inteira — assumir responsabilidades ou questionar impulsos, compulsões, gatilhos e reações — lentamente tornou-se algo animador. Dick Schwartz levou a terapia junguiana e o *shadow work** que eu tinha feito para um nível completamente diferente de cura.

Sou muito grata por Dick continuar a divulgar o IFS pelo mundo. Observá-lo trabalhando o IFS com as pessoas é muito reconfortante, uma visão muito envolvente de contemplar. Acredito que precisamos do IFS agora mais do que nunca. Seu trabalho oferece a cada um de nós nada menos do que o cultivo da bondade, da sabedoria e do fortalecimento, se estivermos dispostos a olhar para dentro de nós. Fazer esse trabalho propicia a cada parte de nós um momento ao sol. Ao darmos atenção a essas partes que mais precisam, a verdadeira cura acontece. À medida que a compaixão cresce dentro de nós para nós mesmos, lenta, mas seguramente, ela afeta o mundo como um todo, apoia nossos esforços de crescimento e nos reorienta para um mundo com menos discórdias, conflitos e sofrimentos desnecessários. Vemos que nossa delicada e brilhante humanidade é compartilhada entre todos nós.

Alanis Morissette
São Francisco, Califórnia
Março de 2021.

---

* *Shadow work* — "trabalho das sombras". A sombra, de acordo com o psiquiatra suíço Carl Jung, consiste nas partes de nós mesmos nas quais escolhemos reprimir ou esconder aquilo de que não gostamos. Fazemos isso empurrando-as para dentro da nossa inconsciência durante a infância. [N. da R.]

Introdução

Como psicoterapeuta, trabalhei com muitas pessoas que me procuraram logo após a vida desmoronar. Tudo estava indo muito bem, até ocorrer um infarto súbito, um divórcio ou o falecimento de uma criança. Se não fosse pelo evento dissonante, elas nunca teriam pensado em fazer terapia, porque aparentavam ser bem-sucedidas.

Depois do evento, elas não têm o mesmo dinamismo ou a mesma determinação. Seus objetivos de ter mansões ou reputações perderam o significado. Sentem-se à deriva e vulneráveis, de forma assustadora e desconhecida. Feridas foram abertas recentemente, mas alguma luz consegue passar pelas rachaduras de suas fundações de proteção.

Esses eventos podem ser de despertar, caso eu possa ajudar suas partes de empenho, materialista e competitiva, que dominaram suas vidas, a recuperar esse domínio para que possam explorar o que mais há dentro delas. Ao fazer isso, posso ajudá-las a acessar o que chamamos de *self* — uma essência de calma, clareza, compaixão e conexão — e, a partir daí, começar a ouvir suas partes que tenham sido exiladas pelas partes mais dominantes. Ao descobrirem que amam simples prazeres, como desfrutar a natureza, ler, atividades criativas, se divertir com amigos, ter mais intimidade com seus companheiros ou filhos e ser útil aos outros, as pessoas decidem mudar a vida de modo a dar espaço ao seu *self* e às suas partes, recentemente descobertas.

Esses pacientes e todos nós não nos tornamos dominados por essas partes determinadas, materialistas e competitivas, por acaso. Elas são as mesmas partes que dominam a maioria dos países do nosso planeta, em particular o meu país, os Estados Unidos da América. Quando meus pacientes estão sob o jugo dessas partes em particular, pouco se importam com os danos que estão causando à sua saúde e aos seus relacionamentos. Igualmente, os países obcecados pelo crescimento ilimitado têm pouco apreço pelo impacto causado na maioria das pessoas ou pela saúde climática da Terra.

Essa determinação sem sentido — das pessoas ou dos países — normalmente leva a algum tipo de queda. Enquanto escrevo este livro, nos encontramos no meio da pandemia da Covid-19. Ela tem potencial para ser o evento de despertar de que precisamos, para que não soframos nada pior adiante, mas resta saber se nossos líderes usarão esta pausa dolorosa para ouvir o sofrimento da maioria do nosso povo e se também aprenderão a colaborar entre si, em vez de competir com os outros países. Poderemos mudar nacional e internacionalmente da maneira como meus pacientes muitas vezes são capazes?

Bondade Inerente

Não podemos fazer as mudanças necessárias sem um novo modelo de mente. O ecologista Daniel Christian Wahl afirma: "A humanidade está amadurecendo e precisa de uma 'nova história', que seja poderosa e significativa o suficiente para galvanizar a colaboração global e guiar a resposta coletiva às crises convergentes que estamos enfrentando... No sistema planetário fundamentalmente interligado e interdependente de que participamos, a melhor maneira de cuidar mais de nós mesmos é começar a dar assistência em benefício do coletivo (todas as vidas). Metaforicamente falando, estamos todos no mesmo barco em nosso sistema planetário de suporte à vida, ou, nas palavras de Buckminster Fuller: 'a Nave Espacial Terra.' O pensamento 'eles contra nós', que por muito tempo definiu a política entre as nações, as empresas e as pessoas, é profundamente anacrônico."[1]

Jimmy Carter repercute esse sentimento: "O que é preciso agora, mais do que nunca, é uma liderança que nos afaste do medo e fomente maior confiança na bondade inerente e na ingenuidade da humanidade."[2] Nossos líderes, porém, não podem fazer isso, considerando o modo como compreendemos a mente hoje, pois ela realça a escuridão da humanidade.

Precisamos de um novo paradigma que mostre, de forma convincente, que a humanidade é inerentemente boa e completamente interconectada. Com essa compreensão, podemos, finalmente, mudar do foco em nosso ego, na família e em nossa etnia para nos tornarmos uma espécie focada em todas as formas de vida e no planeta.

Essa mudança não será fácil. Muitas de nossas instituições fundamentais são baseadas na visão obscura. Veja, por exemplo, o neoliberalismo, a filosofia econômica de Milton Friedman, que apoia o tipo de capitalismo implacável que tem predominado em muitos países, inclusive nos Estados Unidos, desde os dias de Ronald Reagan e Margaret Thatcher. O neoliberalismo é baseado na crença de que as pessoas são fundamentalmente egoístas e, portanto, é cada um por si em um mundo onde sobrevive o mais forte. O governo precisa sair do caminho, assim o mais forte pode não apenas nos ajudar a sobreviver, mas também a prosperar. Essa filosofia econômica resultou em uma enorme desigualdade, assim como na desconexão e na polarização entre as pessoas, por isso hoje vivemos de forma tão dramática. Chegou a hora de uma nova visão da natureza humana, que libere a colaboração e o cuidado que vivem em nosso coração.

A Promessa do IFS

Sei que parece arrogante, mas este livro oferece o tipo de paradigma edificante e um conjunto de práticas que podem atingir as mudanças de que precisamos. Está repleto de exercícios que confirmarão as declarações radicalmente positivas que faço sobre a natureza da mente, para que você possa experimentá-las por si mesmo (e não só recebê-las de mim).

Tenho desenvolvido o IFS (Sistemas Familiares Internos) por quase quatro décadas. Isso me levou a uma jornada longa, fascinante e —

Introdução 3

como enfatizo neste livro — espiritual, que quero compartilhar com você. Essa jornada transformou minhas crenças sobre mim mesmo, sobre o que as pessoas são, sobre a essência da bondade humana e sobre quanta transformação é possível. O IFS mudou, ao longo do tempo, de ser exclusivamente um tipo de psicoterapia para tornar-se um tipo de prática espiritual, embora não seja preciso se definir como espiritualista para praticá-lo. Em sua essência, o IFS é uma forma amorosa de se relacionar internamente (com suas partes) e externamente (com as pessoas que se relacionam à sua vida), portanto, nesse sentido, o IFS também é uma prática de vida. É algo que você pode fazer diariamente, a qualquer momento, a qualquer hora, sozinho ou com outras pessoas.

Neste momento, deve haver uma parte em você que está cética, afinal, são muitas promessas nestes parágrafos iniciais do livro. Só o que peço é que seu lado cético dê espaço interno o suficiente para que considere essas ideias por um tempinho, inclusive que tente alguns dos exercícios, para que possa verificar por si mesmo. Em minha experiência, é difícil acreditar na promessa do IFS até que você realmente o vivencie.

PARTE UM

Sistemas Familiares Internos

CAPÍTULO UM

Somos Todos Múltiplos

Todos fomos criados no que chamarei de sistema de crenças da mente única — a ideia de que temos uma mente, de onde emanam pensamentos, emoções e impulsos diferentes. Esse é o paradigma em que eu também acreditava até encontrar pacientes que me ensinaram o contrário. Como a visão da mente única é dominante e presumida em nossa cultura, de fato, não questionamos a verdade disso. Quero ajudá-lo a olhar — criteriosamente — quem você realmente é. Quero convidá-lo a tentar esse paradigma diferente de multiplicidade que o IFS adota e considerar a possibilidade de que todos nós temos uma personalidade múltipla. E isso é uma coisa boa.

Não estou sugerindo que você tenha transtorno de personalidades múltiplas (hoje chamado de transtorno dissociativo de personalidade), mas, sem dúvida, acho que as pessoas que têm esse diagnóstico não são tão diferentes assim de todo o mundo. O que chamamos de *alters* nessas pessoas é o mesmo que nomeamos de *partes* no IFS, e elas existem em todos nós. A única diferença é que as pessoas com transtorno dissociativo de personalidade sofreram abusos horríveis e seus sistemas de partes foram mais destruídos do que o da maioria, de modo que cada parte se sobressai com mais ousadia e é mais polarizada e desconectada das outras.

Em outras palavras, todos nós nascemos com muitas submentes, que ficam interagindo dentro de nós, de forma constante. Isso é o que, em geral, chamamos de *pensamento*, porque as partes ficam conversando umas com as outras e com você, constantemente, sobre coisas que têm que fazer ou debatendo a melhor forma de agir, e assim por diante. Lembre-se de algum momento em que enfrentou um dilema e era como se ouvisse uma parte dizendo "vá lá!", e a outra dizendo "nem se atreva!" Como consideramos que é só uma questão de pensamentos em conflito, não prestamos atenção aos atores internos por trás do debate. O IFS o ajuda não só a começar a prestar atenção, mas também a se tornar o líder interno ativo de que seu sistema de partes precisa.

Embora possa parecer meio louco ou assustador no início pensar em si mesmo como uma personalidade múltipla, espero convencê-lo de que isso é, na verdade, muito empoderador. Só é perturbador porque a multiplicidade tem sido patologizada em nossa cultura. Uma pessoa com personalidades autônomas separadas é vista como doente ou desajustada; a existência de seus *alters* é simplesmente considerada produto de trauma — a fragmentação de sua mente unitária anterior. Pela perspectiva da mente única, nossa condição natural é uma mente unitária. A menos, é claro, que o trauma surja e a estilhace em pedaços, como os cacos de um vaso.

O paradigma da mente única nos fez temer nossas partes e enxergá-las como patológicas. Em nossas tentativas de controlar o que consideramos ser pensamentos e emoções perturbadoras, acabamos por lutar, ignorar, disciplinar, esconder ou sentir vergonha desses impulsos, que nos impedem de fazer o que queremos de nossa vida. E depois, nos envergonhamos por não os controlar. Em outras palavras, odiamos o que se interpõem em nosso caminho.

Essa postura faz sentido, se esses obstáculos internos forem vistos como meros pensamentos irracionais ou como emoções extremas, que partem da mente unitária. Se você tem medo de fazer uma apresentação, por exemplo, pode tentar usar sua força de vontade para superar o medo ou corrigi-lo com pensamentos racionais. Se o medo persistir, ele pode intensificar suas tentativas para controlá-lo, criticando a si mesmo por ser covarde, entorpecendo-se com o esquecimento ou meditando para superá-lo. E quando nada disso funciona, você acaba adaptando sua vida ao medo — evitando situações em que precisa falar em público, se sentindo um fracassado e se perguntando o que há de errado. Para deixar a situação ainda pior, você passa por um terapeuta que diagnostica sua mente única como perturbada. O diagnóstico o faz se sentir imperfeito, sua autoestima cai, e sua vergonha o leva a tentar esconder quaisquer falhas e a apresentar uma imagem perfeita para o mundo. Ou talvez você apenas se afaste de seus relacionamentos por medo de que as pessoas enxerguem através de sua máscara e o julguem por isso. Você se identifica com suas fraquezas, assumindo que é realmente desajustado e que, se os outros enxergarem o seu eu real, eles o rejeitarão.

"Quando as pessoas me perguntavam se eu estava pronto para essa mudança de vida, acho que não entendia bem o que elas queriam dizer. É que esses estranhos não sabem quem eu fui. Foi *outra* coisa que começou a acontecer comigo: quando olhava para os olhos deles, às vezes uma vozinha ficava questionando na minha cabeça: *"Você ficaria tão empolgado em me ver se soubesse quem eu realmente fui? Se soubesse todas as coisas que eu fiz? Se pudesse ver todas as minhas partes?"*

Jonathan Van Ness, estrela de *Queer Eye*[1]

Uma Breve História

A perspectiva da mente única, em conjunto com as teorias científicas e religiosas sobre o quão primitivo são os impulsos do homem, criou esse panorama das polarizações internas. Um exemplo revelador provém do influente teólogo cristão João Calvino: "Pois nossa natureza não é apenas totalmente desprovida de bondade, mas muito prolífica em todos os tipos de maldade, que não pode ser improdutiva... O homem por inteiro, do alto da cabeça às plantas dos pés, está tão inundado, por assim dizer, que nem uma parte fica isenta do pecado, e, portanto, tudo o que procede dele é imputado como pecado."[2] Isso é conhecido como a doutrina da *deprava-*

ção total, a qual insiste que somente pela graça de Deus podemos escapar de nosso destino da danação eterna. O protestantismo e o evangelismo dominantes trouxeram uma versão dessa doutrina por centenas de anos, e o impacto cultural tem sido generalizado. O catolicismo tem sua própria versão, chamada de "o pecado original".

No entanto, não podemos censurar esse tipo de pensamento, apenas com relação à religião. Gerações de filósofos e políticos têm afirmado que impulsos primitivos estão à espreita, embaixo do verniz civilizado que apresentamos ao mundo. Embora Freud tenha contribuído com percepções importantes sobre a psique, muitas compatíveis com o IFS, sua teoria fundamental foi altamente influenciadora e pessimista sobre a natureza humana. Ele afirmava que por baixo da superfície da mente estão forças instintivas egoístas, agressivas e que buscam o prazer inconscientemente. O historiador holandês Rutger Bregman resume essas suposições subjacentes sobre a natureza humana assim: "A doutrina em que os humanos são egoístas inatos tem uma tradição sagrada no cânone ocidental. Grandes pensadores como Tucídides, Agostinho, Maquiavel, Hobbes, Lutero, Calvino, Burke, Bentham, Nietzsche, Freud e os pais fundadores dos EUA, todos tiveram sua própria versão da teoria do verniz da civilização."[3]

Força de Vontade e Vergonha

A ênfase na força de vontade e no autocontrole permeiam a cultura norte-americana. Achamos que devemos ser capazes de disciplinar nossa mente primitiva, impulsiva e pecadora por meio da força de vontade. Inúmeros livros de autoajuda nos dizem que é tudo uma questão de impulsionar nossa capacidade de nos controlar e desenvolver mais disciplina. O conceito da força de vontade também tem raízes históricas — principalmente na Era Vitoriana, com sua ênfase cristã na resistência dos impulsos malignos. A ideia de assumir a responsabilidade por si mesmo e não arrumar desculpas é tão norte-americana quanto a torta de maçã.

Infelizmente, nosso louvor à força de vontade tem sido usado por políticos e autoridades para justificar os níveis crescentes de disparidade de renda. Fomos ensinados que as pessoas são pobres porque não têm autocontrole e que as pessoas ricas são ricas porque o têm, apesar de pesquisas mostrarem ao contrário. Estudos mostram, por exemplo, que as pessoas de baixa renda se tornam mais fortalecidas e produtivas uma vez que recebem dinheiro o suficiente para cobrir suas necessidades básicas de sobrevivência.[4] No entanto, o que é real — principalmente considerando os efeitos econômicos da pandemia — é que podem puxar, a qualquer momento, o tapete da maioria de nós, e essa ameaça mantém as nossas partes de sobrevivência clamando.

Como essa ética da força de vontade se tornou internalizada, aprendemos, desde pequenos, a ter vergonha e a manipular nossas partes rebeldes. Nós simplesmente lutamos para submetê-las. Uma parte é recrutada por esse imperativo cultural para ser nosso sargento de treinamento interno e, com frequência, se torna o crítico interno mais desprezível, e que amamos odiar. Essa é a voz que tenta nos envergonhar ou se livrar de partes de nós que parecem dignas de vergonha (as que nos dão pensamentos desagradáveis sobre as pessoas, por exemplo, ou nos mantêm dependentes de alguma substância).

Com frequência, achamos que, quanto mais tentamos nos livrar de emoções e pensamentos, mais fortes eles ficam. Isso porque as partes, assim como as pessoas, lutam contra serem envergonhadas ou exiladas. E se conseguimos dominá-las com autodisciplina punitiva, então,nos vemos tiranizados pelo rígido e controlador sargento de treinamento interno. Devemos ser disciplinados, mas não nos divertimos muito. E como as partes exiladas (compulsão, raiva, hipersexual etc.) se apoderarão de qualquer fraqueza momentânea para surgirem novamente e se tornarem dominantes, temos que constantemente ficar atentos a quaisquer pessoas ou situações que possam ativar essas partes.

Achamos que, quanto mais tentamos nos livrar de emoções e de pensamentos, mais fortes eles ficam.

Jonathan Van Ness tentou e falhou várias vezes na reabilitação da dependência de drogas. "Ao crescer e ver ao meu redor a evolução dos doze passos e a abstinência ser tão pregada na reabilitação e na igreja, comecei a adotar a ideia de que a cura teria que ser ou tudo ou nada, o que, na verdade, não representava a minha verdade. Eu estava tentando me livrar do abuso sexual, do uso de drogas e do transtorno de estresse pós-traumático [TEPT], e para mim, não eram compatíveis com a abordagem eu-nunca-mais-vou-fumar-maconha... Eu não acredito na máxima 'uma vez viciado, sempre viciado'. Não acredito que o vício seja uma doença, que implique uma sentença de prisão perpétua... Se alguma vez fizer uma bobagem ou não conseguir ficar alguns meses sem recaída, você não está perdido."[5]

Há abordagens com doze passos que não são tão presas às crenças rígidas que Van Ness enfrentou, e os grupos podem ser um contexto maravilhoso para que as pessoas sejam vulneráveis e recebam apoio. Além disso, a sugestão dos doze passos de entregar tudo a um poder superior ajuda com frequência o sargento de treinamento interno a animá-lo ou até a fazê-lo desistir. O mais importante que quero dizer aqui é que qualquer abordagem que incentive seu sargento interno a fazê-lo se envergonhar pelo seu comportamento (e fazê-lo sentir-se um fracasso se não conseguir) não será melhor com as famílias internas como também não é com as externas, que têm pais que adotam táticas de constrangimento para controlar seus filhos.

Não pense que essa crítica da força de vontade mostra que não há espaço para a disciplina interior no IFS. Como as crianças nas famílias externas, cada um de nós tem partes que querem coisas que não são boas para nós ou para o resto do sistema. A diferença aqui é que o *self* diz não, firmemente, para as partes impulsivas, mas com amor e paciência, da mesma forma que um pai ou uma mãe exemplar faria. Além disso, no IFS, quando as partes assumem o controle, não nos envergonhamos delas. Em vez disso, ficamos interessados e usamos o incentivo da parte como ponto de partida para encontrar o que a está motivando e o que precisa ser curado.

As Partes Não São Obstáculos

O paradigma da mente única pode facilmente nos levar ao medo ou a nos odiar, porque acreditamos que temos apenas uma mente (repleta de aspectos primitivos e pecaminosos), que não podemos controlar. Ficamos desesperadamente confusos enquanto tentamos o contrário e geramos críticas internas brutais que nos atacam por nossas falhas. Como Van Ness observa: "Passei muito tempo rejeitando o pequeno Jack [nome verdadeiro de Van Ness] e, em vez de cuidar dele, eu o destrocei... Aprender a nos acalentar com amor compassivo... essa é a chave para se tornar realizado."[6]

Como a maioria das psicoterapias e das práticas espirituais adota essa visão da mente única, suas soluções quase sempre reforçam essa abordagem ao sugerir que devemos corrigir crenças irracionais ou meditar sobre elas, porque essas crenças são vistas como obstáculos que emanam de nossa mente única. Muitas abordagens da meditação, por exemplo, veem os pensamentos como pragas e o ego como um impedimento ou uma importunação, e os praticantes recebem instruções para ignorá-los ou suplantá-los.

Algumas tradições hindus entendem que o ego trabalha para a deusa Maya, cujo objetivo é nos manter lutando por coisas materiais ou prazeres hedonistas. Ela é considerada como uma inimiga — uma tentação muito parecida com o Satanás cristão — que nos mantém ligados ao mundo externo da ilusão.

Os ensinamentos budistas usam o termo *mente de macaco* para descrever como nossos pensamentos saltam em nossa consciência como um macaco agitado. Como Ralph De La Rosa observa em *The Monkey Is the Messenger* [O Macaco é o Mensageiro, em tradução livre]: "É de se admirar que a mente do macaco seja o flagelo dos meditadores de todo o mundo? Para os que procuram refúgio na prática contemplativa, os pensamentos são, muitas vezes, considerados como um transtorno irritante, um agitador primitivo, que se infiltra furtivamente por uma porta aberta... Nos círculos de meditação, algumas consequências involuntárias da metáfora do macaco são predominantes: que o pensamento da mente é sujo, primitivo; uma forma de vida inferior sem utilidade real para nós; apenas um monte de lixo repetitivo."[7]

De La Rosa é um dos vários autores que mais recentemente têm desafiado a prática comum na espiritualidade de vilipendiar o ego. Outro é o psicoterapeuta Matt Licata, que escreveu:

Frequentemente "o ego" é mencionado como se fosse algo autoexistente que, por vezes, nos domina — uma pequena pessoa suja, pouco espiritual e ignorante que vive dentro de nós — e nos faz agir de formas verdadeiramente não evoluídas, criando confusões infindáveis em nossa vida, se colocando em nosso caminho para o progresso. É algo que nos envergonha terrivelmente, e quanto mais espirituais formos, mais devemos nos empenhar em "nos livrar dele", transcendê-lo ou entrar em guerras espirituais imaginárias contra sua existência. Se observarmos atentamente, é possível que o ego, quando muito, seja aquelas vozes que ficam gritando conosco para nos livrar dele.[8]

O conjunto de partes que essas tradições chamam de ego é uma protetora, ela simplesmente está tentando nos manter seguros. E reage e contém outras partes que carregam emoções e memórias de traumas passados trancados internamente.

Posteriormente, veremos com mais detalhes algumas maneiras pelas quais as pessoas praticam o desvio espiritual — um termo cunhado por John Welwood na década de 1980. Jeff Brown explora o fenômeno em profundidade no filme *Karmageddon*: "Depois de minha infância, precisei dos tipos de espiritualidade que impedissem que a dor viesse à tona... Eu estava confundindo autoevasão com iluminação."[9] Na verdade, uma mensagem importante na história canônica do despertar de Buda é a de que os pensamentos e os desejos são os principais obstáculos para a iluminação. Sentado em meditação debaixo da Árvore Bodhi, Buda foi atormentado por uma série de impulsos e ímpetos — luxúria, desejos, realizações, arrependimentos, medos, inseguranças e muitos outros; apenas ignorando ou resistindo é que ele foi capaz de alcançar a iluminação.

Dito isso, as práticas derivadas do budismo em todo o mundo da meditação de atenção plena são um passo na direção certa. Elas possibilitam que o praticante observe pensamentos e emoções a distância e por uma perspectiva de aceitação, em vez de lutar contra ou ignorá-los. Para mim, esse é um bom primeiro passo. No entanto, a meditação da atenção plena nem sempre é algo prazeroso. Os pesquisadores que entrevistaram meditadores experientes descobriram que uma porcentagem substancial tinha episódios perturbadores e que, por vezes, eram de longa duração. Entre os mais comuns estão emoções como medo, ansiedade, paranoia, assim como a experiência de reviver memórias traumáticas.[10] Do ponto de vista do IFS, o serenar da mente associado à meditação da atenção plena acontece quando as partes de nós normalmente dirigem nossa vida (nosso ego) com tranquilidade. Essas partes que tentamos enterrar (exilar) ascendem, trazendo consigo emoções, crenças e memórias que carregam (fardos) e que estavam inicialmente aprisionadas. A maioria das abordagens da meditação de atenção plena com a qual estou familiarizado se insere no paradigma da mente única e, consequentemente, vê esses episódios como o surgimento temporário de pensamentos e emoções perturbadoras, em vez de partes feridas que precisam ser ouvidas e amadas. Por que você conversaria com pensamentos e emoções? Eles não podem responder, podem? Bom, acontece que podem. E, na verdade, têm muitas coisas importantes para nos dizer.

Como Eu Aprendi Sobre as Partes

Eu comecei, como todo mundo, pensando que a mente é unitária e me qualifiquei como terapeuta familiar durante anos (na verdade, tenho Ph.D. na área). Como terapeuta familiar, não prestamos muita atenção à mente. Achávamos que os terapeutas que se envolviam com o mundo interior estavam perdendo tempo, porque podíamos alterar tudo isso simplesmente mudando os relacionamentos externos.

O único problema era que a abordagem não funcionava. Fiz um estudo de resultados com pacientes bulímicos e descobri, de forma alarmante, que eles continuavam ingerindo alimentos compulsivamente e induzindo o vômito, sem perceber que já estavam curados. Quando eu perguntava o porquê, eles começavam falando sobre suas partes diferentes. E falavam sobre essas partes como se elas tivessem autonomia — como se pudessem ser dominantes e os obrigassem a fazer coisas que não queriam. Inicialmente, fiquei temeroso de que estivesse observando o surgimento do transtorno de personalidades múltiplas, mas depois comecei a ouvir a mim mesmo e fiquei chocado ao descobrir que eu também tinha partes. Na verdade, algumas delas eram relativamente intensas.

Por isso, fiquei curioso. Pedi aos pacientes para descreverem suas partes, o que conseguiram fazer com muitos detalhes. E não apenas isso, mas descreveram como essas partes interagiam umas com as outras e tinham relacionamentos. Umas brigavam, outras formavam alianças, e algumas, ainda, protegiam outras partes. Com o tempo, dei-me conta de que estava aprendendo sobre um tipo de sistema interno não muito diferente das famílias "externas" com as quais eu trabalhava. Daí o nome: Sistemas Familiares Internos (IFS).

Por exemplo, os pacientes falavam de um crítico interior que, quando eles cometiam um erro, os atacava impiedosamente. Esse ataque desencadeava uma parte que se sentia totalmente desolada, vazia e desprezível. A sensação dessa parte desprezível era tão angustiante, que, quase como um pedido de socorro, ocasionava a compulsão que levava os pacientes para fora do corpo e os transformava em uma máquina de comer insensível. Então o crítico atacava pela indução do vômito, o qual reativava a inutilidade, e assim permaneciam nesses ciclos terríveis por dias sem fim.

Inicialmente, tentei fazer com que os pacientes se relacionassem com essas partes de forma a bloquear ou fazê-las parar. Por exemplo, sugeri que ignorassem a parte crítica ou que argumentassem com ela. Essa abordagem apenas deixou a situação pior, mas eu não sabia o que mais poderia fazer para encorajá-los a lutar mais para vencer suas batalhas internas.

Tive uma paciente que tinha uma parte que a fazia cortar os pulsos. Bem, eu não podia aceitar isso. Minha paciente e eu importunamos a parte em uma sessão por umas duas horas, até que ela concordou em não cortar mais os pulsos da paciente. Acabei a sessão esgotado, mas satisfeito por termos vencido a batalha.

Abri a porta na sessão seguinte, e minha paciente tinha um enorme talho em seu rosto. Eu desmoronei emocionalmente e, naquele momento, disse espontaneamente: "Desisto, não consigo vencer isso". E a parte também se alterou e disse: "Na verdade, não quero vencer você." Aquele foi um momento decisivo na história desse trabalho, porque eu passei do ponto de controle e assumi uma abordagem mais curiosa: "Por que você faz isso com ela?" A parte prosseguiu falando como precisava fazer minha paciente sair de seu corpo quando estava sendo abusada e controlar a raiva que apenas resultaria em mais abuso. Eu mudei novamente e transmiti meu apreço pelo papel heroico que ela desempenhava em sua vida. A parte se desfez em lágrimas. Todos a tinham demonizado e tentado se livrar dela. Essa foi a primeira vez que ela teve a oportunidade de contar sua história.

Falei para a parte que fazia total sentido que ela tivesse que fazer isso para salvar a vida da moça no passado, mas por que ela ainda tinha que cortá-la? Ela falou que tinha que proteger outras partes muito mais vulneráveis e controlar a raiva que ainda estava ali. À medida que falava tudo isso, ficou claro para mim que a parte que a cortava não estava vivendo no presente. E, sim, parecia paralisada naquelas cenas de abuso e acreditava que minha paciente ainda era uma criança e em grande perigo, mesmo isso não sendo mais verdade.

Comecei a perceber que talvez essas partes não fossem o que pareciam. Talvez, como crianças em famílias disfuncionais, elas fossem forçadas a sair de seus estados naturais e valiosos para assumirem papéis que, às vezes, podiam ser destrutivos, mas que, como elas pensam, eram necessários para proteger a pessoa ou o sistema no qual estavam inseridas. Assim, comecei a tentar ajudar meus pacientes ouvindo suas partes perturbadas, em vez de lutar contra elas, e fiquei atônito ao descobrir que todas as partes tinham histórias semelhantes, de como tiveram que assumir papéis protetores em algum momento do passado de suas pessoas — muitas vezes papéis que elas odeiam, mas sentem que foram necessários para salvar o paciente.

Quando perguntei a essas partes protetoras o que elas preferiam fazer se acreditassem que não precisavam mais proteger o paciente, muitas vezes disseram que preferiam fazer o papel oposto ao que desempenhavam. Os críticos internos queriam se tornar apoiadores ou conselheiros sábios internos, cuidadores extremos queriam ajudar a criar limites, partes zangadas queriam ajudar no discernimento de quem era seguro ou não. Parecia que não só as partes não eram o que pareciam, mas também que cada uma delas tinha qualidades e recursos para trazer à vida do paciente que não estavam disponíveis enquanto estavam presas aos papéis de proteção.

Hoje, várias décadas e milhares de pacientes depois (e centenas de terapeutas usando o IFS pelo mundo), posso seguramente dizer que isso é verdade em relação às partes. Elas podem se tornar extremas e causar muitos danos à vida de uma pessoa, mas não há nenhuma que seja inerentemente má. Mesmo as que fazem os bulímicos ingerirem alimento compulsivamente ou os anoréxicos passarem fome, ou que fazem as pessoas quererem se matar ou assassinar pessoas, mesmo as partes abordadas de um lugar consciente — esse lugar singular, sincero e curioso — revelarão a história secreta de como foram forçadas a desempenhar esse papel e de como estão presas nele, aterrorizadas, e que, se não o fizerem, algo terrível acontecerá. E estão paralisadas no passado, na época traumática em que tiveram que assumir seu papel.

Vamos fazer uma pausa aqui para explorar as implicações espirituais dessa descoberta. Basicamente, o que descobri é que o amor é a resposta no mundo interno, assim como no externo. Ouvir, abraçar e amar as partes permite que elas se curem e se transformem tanto quanto as pessoas.

O IFS ajuda pessoas a se tornarem bodisatvas [seres iluminados] em suas psiques.

Em termos budistas, o IFS ajuda as pessoas a se tornarem bodisatvas [seres iluminados] em suas psiques, no sentido de ajudar cada ser senciente interno (parte) a se tornar iluminado por meio da compaixão e do amor. Ou, pela perspectiva cristã, por meio do IFS as pessoas acabam fazendo no mundo interno o que Jesus fez no externo — elas vão até as partes exiladas e as inimigas internas com amor, curam-nas e as levam para casa, assim como Ele fez com leprosos, pobres e marginalizados.

A grande conclusão aqui é a de que as partes não são o que comumente pensávamos que fossem. Elas não são adaptações cognitivas ou impulsos pecaminosos. Em vez disso, são seres sagrados e espirituais e merecem ser tratadas como tal.

Outro tema que exploraremos neste livro é como isso é tudo paralelo — o modo como nos relacionamos no mundo interno será como nos relacionamos no mundo externo. Se pudermos estimar e ter compaixão pelas nossas partes, até mesmo pelas que consideramos ser nossas inimigas, podemos fazer o mesmo pelas pessoas que se assemelham a elas. Por outro lado, se odiarmos ou desprezarmos nossas partes, faremos o mesmo com qualquer um que nos faça lembrá-las.

Algumas descobertas que fiz sobre as partes:

- Mesmo as partes mais destrutivas têm intenções protetoras.
- As partes frequentemente ficam paralisadas em traumas passados quando seus papéis extremos são necessários.
- Quando elas confiam que é seguro sair de suas funções, são altamente valiosas para o sistema.

Fardos

Eis outra descoberta importante com a qual me deparei: as partes carregam crenças e emoções extremas em seus "corpos", que as orientam como se sentem e agem.

A ideia de que as partes têm corpos separados e diferentes do corpo pessoal, ao qual estão conectadas, parece ser estranha ou absurda no início. Deixe-me fazer uma interrupção aqui para dizer que estou simplesmente relatando o que aprendi ao longo de anos de exploração nesse território interior, sem julgamento, a realidade ontológica desses dados. Se perguntar às suas partes sobre seus próprios corpos, acredito que terá as mesmas respostas que apresento aqui.

Por um bom tempo, eu não soube o que fazer com essa descoberta. De qualquer maneira, é assim que as partes descrevem a si mesmas — que têm corpos e que contêm emoções e crenças que não lhes pertencem. Frequentemente, elas podem dizer o exato momento traumático em que essas emoções e crenças nasceram ou em que se conectaram com elas, e, ainda, podem indicar onde carregam o que parecem ser esses objetos dentro ou sobre seus corpos. "É este concreto em meus braços" ou "uma bola de fogo em meu estômago" ou "este enorme peso em meus ombros", por exemplo. Esses sentimentos ou crenças estranhas (às vezes descritos como energias) são o que eu chamo de *fardos*. Na verdade, os fardos são organizadores poderosos da experiência e da atividade da parte — quase da mesma maneira que um vírus organiza um computador.

É importante notar aqui que esses fardos são produto de uma experiência direta da pessoa — a sensação de inutilidade que se aloja em uma criança quando um dos pais abusa dela; o terror que se prende às partes durante um acidente de carro; a crença de que não se pode confiar em ninguém que se adentra nas partes jovens, quando somos traídos ou abandonados na infância. Quando somos jovens, temos pouco discernimento em relação à validade dessas emoções e crenças, e, consequentemente, elas se alojam nos corpos de nossas partes jovens e tornam-se organizadoras poderosas (embora inconscientes) de nossa vida depois disso. A essas partes chamamos de *fardos pessoais*.

Alguns dos fardos pessoais mais poderosos são similares aos que o pioneiro John Bowlby, em sua teoria do apego, chamou de *modelos de trabalho interno*.[11] Ele os viu como mapas que desenvolvemos quando crianças, o que esperar do cuidador e do mundo em geral e, depois, de relacionamentos próximos. Os modelos também nos dizem coisas sobre nosso próprio nível de bondade e o quanto merecemos amor e apoio.

Há outra classe de fardos que são chamados de *fardos legados*, porque não vieram de uma experiência de vida direta. Em vez disso, foram herdados de seus pais, que herdaram dos pais deles, e assim por diante. Ou você os absorveu de seu grupo étnico ou da cultura em que vive. Os fardos legados podem ser igualmente, se não mais potentes, organizadores de nossa vida, e porque os temos há tanto tempo, ficamos imersos neles, por isso, com frequência, é mais difícil notá-los do que os fardos pessoais que ganhamos com os traumas. Dessa maneira, os fardos legados podem ser tão predominantes e despercebidos como a água é para os peixes.

As Partes Não São Fardos

Essa distinção entre as partes e os fardos que as pessoas carregam é crucial, porque muitos dos problemas mundiais estão relacionados ao erro que a maioria dos paradigmas comete ao tentar entender a mente: confundir o fardo com a parte que o carrega.

É comum acreditar que uma pessoa que está sempre drogada é um viciado com o impulso irresistível de usar drogas. Essa crença leva ao combate desse impulso com antagonistas opioides, com programas de recuperação que podem ter o efeito de polarizar a parte dependente, ou a força de vontade do viciado. Por outro lado, se você acreditar que a parte que procura por drogas é protetora e carrega o fardo da responsabilidade de manter essa pessoa longe de dores emocionais severas ou até mesmo do suicídio, então você a tratará de forma muito diferente. Poderia, em vez disso, ajudá-la a conhecer essa parte e respeitá-la por suas tentativas de mantê-la em atividade, e negociar a permissão para curar ou mudar o que ela protege.

Assim você ajudaria a pessoa a se curar, retornando para a parte "viciada", agora liberada, a aliviar todos os seus medos e responsabilidades. *Alívio dos fardos* é outro aspecto do IFS que parece espiritual, porque, assim que os fardos são libertados dos corpos das partes, elas imediatamente se transformam em seus estados originais significativos. É como se uma maldição fosse retirada da Bela Adormecida, ou do ogro, ou do viciado. A parte recentemente liberta do seu fardo, quase universalmente, diz que se sente muito mais leve

> **É como se cada parte fosse uma pessoa com propósitos verdadeiros.**

e que quer participar ou descansar, e, em seguida, encontra um novo papel. A parte, antes viciada, agora quer ajudar você a se conectar com as pessoas. A parte hipervigilante se torna um conselheiro de limites. A crítica se transforma em uma apoiadora interna, e assim por diante. Em outras palavras, é como se cada parte fosse uma pessoa com propósitos verdadeiros.

Não Há Partes Ruins

Se o título do livro não desencadeou essa questão para você, então eu a perguntarei diretamente: o que devemos fazer com as partes que cometeram uma violência terrível? E aquelas que cometeram assassinato ou abusaram sexualmente das pessoas? Ou com as partes que estão determinadas a matar seu paciente? Como é que essas partes podem ser boas em papéis ruins?

À medida que eu fazia o IFS com os pacientes, ficava cada vez mais claro que os fardos que impulsionavam suas partes estavam enraizadas em traumas antigos, portanto, no final dos anos 1980 e começo dos 1990, me especializei no tratamento daqueles que haviam sofrido traumas complexos e tinham diagnósticos graves, como transtorno de personalidade *borderline,* depressão crônica e transtornos alimentares. Eu também fiquei interessado em conhecer e tratar os autores do abuso, porque ficou claro que a cura de um deles podia, potencialmente, por sua vez, salvar muitas vítimas no futuro.

Por sete anos, consultei na Onarga Academy, um centro de tratamento em Illinois para agressores sexuais. Tive a oportunidade de ajudar esses pacientes ouvindo suas partes, as que tinham molestado crianças, e ouvi repetidamente a mesma história: quando o agressor foi abusado na infância, uma de suas partes protetoras ficou desesperada para protegê-lo, absorveu a energia da raiva ou da violência sexual de seu agressor e usou essa energia para se proteger desse abusador. No entanto, a partir daí, essa parte protetora continuou a carregar o fardo do ódio de seu agressor e o desejo de dominar e punir a vulnerabilidade. A parte também ficou paralisada no tempo durante o abuso.

Assim, o pontapé em molestar crianças veio da capacidade de ferir e de ter o poder sobre alguém fraco e inocente. Essas partes agressoras faziam a mesma coisa na psique de suas partes infantis e vulneráveis. Esse processo — no qual as protetoras de uma geração assumem os fardos dos agressores de seus pais, enquanto estavam sendo abusados por esses mesmos pais — é uma forma de transferência de fardos legados.

À medida que curávamos as partes presas no abuso do passado, as partes agressoras liberavam energias sexuais ou violentas de seus pais e, como outras partes, rapidamente assumiam papéis importantes. Durante esse período, tive a oportunidade de trabalhar com outros tipos de agressores (inclusive assassinos) com descobertas semelhantes. Lembrei-me daquela famosa frase de Will Rodgers, "nunca conheci um homem de quem eu não gostasse", e percebi que poderia dizer isso sobre as partes. No final, acabei gostando de todas elas — mesmo das que haviam cometido atos hediondos.

Hoje, décadas depois, trabalhei com inúmeros pacientes (assim como outros terapeutas de IFS ao redor do mundo) e acredito que é seguro dizer que não há partes ruins. As tradições espirituais nos incentivam a ter compaixão por todos. Esse aspecto do IFS nos ajuda, de verdade, a tornar isso possível. O IFS atua a partir da premissa radicalmente diferente, a de que cada parte — não importa o quão demoníaca ela pareça — tem uma história secreta de dor para partilhar sobre como foi forçada a desempenhar seu papel e a carregar fardos de que não gosta e que continuam a impulsioná-la. Isso também implica etapas claras para ajudar essas partes e as pessoas nas quais elas se encontram para curar e transformar. Isso traz esperança para quem já não acredita mais.

O *Self*

Naqueles dias em que ajudei meus pacientes a ouvir e a formar relacionamentos com suas partes, tentei uma técnica da Gestalt-terapia,* que envolve múltiplas cadeiras. Essencialmente, o paciente senta-se em uma cadeira e conversa com a cadeira vazia diante de si. No IFS, eu os fazia imaginar que a parte com que estavam conversando estava naquela cadeira vazia. Como as partes começavam a falar também, havia muitas idas e vindas de um lado para o outro, e para fazer com que tudo funcionasse direito, eu acabava com o consultório repleto de cadeiras. Eu observava os pacientes andarem pela sala interpretando suas partes diferentes, e isso, na verdade, me ajudava muito a compreender quais eram os padrões entre elas. Então um paciente sagaz comentou que ficar andando de uma cadeira para outra seria desnecessário e sugeriu que os pacientes poderiam fazer o mesmo trabalho apenas sentando-se em uma cadeira. Esse método deu certo com esse paciente em particular, e, quando tentei com os outros, eles descobriram que podiam fazer o mesmo.

---

* Gestalt-terapia — A proposta deste modelo é associar práticas cognitivas com as emoções e os sentimentos do paciente, para que ele possa enxergar novos meios de encarar as situações difíceis da vida. [N. da R.]

Meu principal objetivo era ajudar meus pacientes a formar relacionamentos melhores com suas partes. Alguns dos padrões que eu continuava vendo nas pessoas eram semelhantes aos que eu já havia testemunhado como terapeuta familiar. Por exemplo, uma criança com bulimia estava conversando com sua parte crítica e, de repente, ficava brava com essa parte e gritava com ela. Na terapia familiar, digamos que esse paciente seja uma menina falando com sua mãe crítica e que ela fica brava e grita com a mãe. Nesses casos, aprendemos que temos que olhar ao redor da sala e ver se alguém está secretamente do lado da menina contra a mãe — por exemplo, o pai da menina está sinalizando para ela, que discorda com a mãe também. É nesse momento que eu peço para o pai se afastar da linha de visão da menina, assim ela se acalma e a conversa com a mãe corre bem melhor.

Então comecei a usar essa técnica de "afastamento" com as pessoas. Eu fazia elas pedirem para as outras partes se afastarem para que as duas partes envolvidas pudessem se empenhar e ouvir uma à outra. Por exemplo, eu diria: "Poderia encontrar a parte que está com raiva (nesse caso, a crítica) e pedir a ela que se afaste por um momento?". Para meu espanto, a maioria dos pacientes respondia "Certo, ela se afastou", sem muita hesitação, e quando a parte se retirava, meus pacientes ficavam em um estado totalmente diferente. E então as outras partes surgiam (uma parte temerosa, por exemplo), e quanto mais partes se afastavam para permitir que o paciente conversasse, mais consciente e curioso ele ficava. O simples fato de fazer as outras partes abrirem mais espaço interno parecia libertar alguém que tinha curiosidade, mas que também estava calmo e confiante em relação ao crítico.

O self existe em todos.

Enquanto meus pacientes estavam nessa posição, o diálogo fluía muito bem. A parte crítica baixava a guarda e contava sua história secreta, o paciente tinha compaixão por ela e compreendia o que ela protegia, e assim por diante. Paciente após paciente, a mesma parte, conscientemente curiosa, calma, confiante e muitas vezes até compassiva, surgia do nada, e essa parte parecia saber como se relacionar internamente de forma curativa. E quando elas estavam nesse estado, eu perguntava aos pacientes: "E agora, que parte de você é essa?" E eles respondiam: "Não é como as outras, essa é mais como eu mesma" ou "Essa é mais a minha essência" ou "Essa é quem eu realmente sou".

Essa é a parte que eu chamo de *self*. E depois de milhares de horas fazendo esse trabalho, posso dizer, com certeza, que o *self* existe em todos. Além disso, o *self* não pode ser danificado, ele não precisa se desenvolver e tem sua própria sabedoria sobre como curar os relacionamentos internos, assim como os externos.

Para mim, essa é a descoberta mais significativa que encontrei. Isso é o que muda tudo. O *self* está logo abaixo da superfície de nossas partes protetoras, de tal forma que, quando elas abrem espaço, ele surge espontaneamente, com frequência de forma repentina e universal.

É a Sua Vez

Essa é a minha apresentação do IFS. Inicialmente, faz um certo sentido conceitual para muitas pessoas, mas até que você, de fato, o experimente, é difícil compreender completamente sobre o que estou falando. Por isso, agora é a sua vez. Quero convidá-lo a tentar um exercício elaborado para fornecer um início para se conhecer dessa forma diferente.

Exercício: Conhecendo um Protetor

Reserve um momento e fique confortável. Prepare-se como se fosse meditar. Se isso ajudar, respire fundo várias vezes.

Agora eu o convido a analisar seu corpo e sua mente, percebendo, em particular, quaisquer pensamentos, emoções, sensações ou impulsos que se destaquem. Até agora, não é diferente da prática da atenção plena, em que você só percebe o que há no interior, separando-se um pouco dele.

À medida que faz isso, veja se uma dessas emoções, desses pensamentos, dessas sensações ou desses impulsos que o estão chamando parece querer a sua atenção. Se isso se confirmar, então

Somos Todos Múltiplos   25

tente se concentrar exclusivamente nisso por um minuto e veja se pode notar onde ele parece estar localizado em seu corpo ou em torno dele.

Ao constatar isso, observe como *você* se sente. Com isso quero dizer, você não gosta? Isso o incomoda? Tem medo? Quer ficar livre disso? Depende disso? Então, estamos apenas percebendo que você tem um relacionamento com esse pensamento, essa emoção, essa sensação ou esse impulso. Se sente algo além de um tipo de receptividade ou curiosidade, então peça às suas partes, que parecem não gostar, ou têm medo, ou qualquer outro sentimento extremo, para relaxar internamente e dar a você um pouco de espaço para conhecê-lo sem tomar qualquer atitude.

Se não puder chegar a esse estado de interesse, tudo bem. Pode passar um tempo falando com as partes, que não querem relaxar diante desse medo, que elas têm que deixar você realmente interagir com a emoção, o pensamento, a sensação ou o impulso observado.

Mas se puder entrar nesse lugar conscientemente curioso em relação ao objetivo, então é seguro começar a interagir. Pode parecer um pouco estranho neste instante, mas apenas tente. E com isso quero dizer que, enquanto se concentra nessa emoção, nesse impulso, nesse pensamento ou nessa sensação e os percebe em algum lugar do seu corpo, pergunte se há algo que querem que você saiba, e depois espere por uma resposta. Não pense na resposta, assim qualquer parte do pensamento pode relaxar também. Apenas espere silenciosamente concentrado naquele lugar do corpo até uma resposta surgir, e se nada surgir, tudo bem também.

Se receber uma resposta, então, dando continuidade, pode perguntar o que a parte teme que aconteça se ela não fizer isso dentro de você. O que ela teme que aconteça se não fizer o que faz? E se ela responder à pergunta, é provável que compreenda algo sobre como está tentando protegê-lo. Se for verdade, então veja se é possível expressar alguma gratidão, pelo menos por tentar mantê-lo seguro, e veja como ela reage à sua gratidão. Em seguida, pergunte a essa parte o que ela precisará de você no futuro.

Quando chegar a hora certa, mude seu foco de volta para o mundo externo e observe mais seu entorno. Mas também agradeça às suas partes por tudo o que permitiram fazer e deixe-as saber que esta não foi a última chance delas de conversar com você, porque planeja conhecê-las ainda mais.

Espero que tenha conseguido me acompanhar nessa jornada e que tenha obtido alguma informação. Às vezes, o que você aprende pode ser uma grande surpresa. E, para mim, essas emoções, sensações, esses pensamentos, impulsos e outras coisas são emanações das partes — são o que chamamos de *pontos de partida*. Porque, quando você se concentra em uma delas, é como se estivesse começando uma trilha, que o levará até a parte que emana o pensamento, a emoção, o impulso ou a sensação. E conforme você conhece a parte, compreenderá que não é só um pensamento, uma sensação, um impulso ou uma emoção. Na verdade, ela o informará de que tem toda uma gama de sentimentos e pensamentos e poderá dizê-lo sobre o papel em que se encontra e por que faz o que faz. Então ela se sentirá vista, e você poderá mostrar seu reconhecimento.

Nesse processo, você se volta para o que está observando e começa um novo relacionamento com ele. Foi o que comecei a fazer com meus pacientes no início da década de 1980, e um mundo completamente novo se abriu no processo. Isso me lembrou das aulas de biologia do ensino médio, quando observávamos no microscópio uma gota de água de um lago e ficávamos chocados ao ver todos os tipos de pequenos paramécios, protozoários e amebas dançando. Quando nos voltamos para nosso interior, descobrimos que o que achávamos serem pensamentos e emoções aleatórios, na verdade são constituintes de uma comunidade interna vibrante que tem interagido nos bastidores por toda nossa vida.

Nesse exercício, você pode ter notado que simplesmente concentrando-se em uma de suas partes, está se separando (*divisão*) dela. Em outras palavras, de repente, havia *você*, que estava observando e *ela*, que estava sendo observada. Como eu disse na introdução, você encontrará esse tipo de fragmentação nas práticas de atenção plena, e isso é um grande passo. Em seguida, dê o próximo passo, que é explorar o que sente sobre o assunto e perceber o que as outras partes sentem sobre ele. Se sentir raiva ou medo, esse não é o *self*, mas alguma outra parte que ainda está agregada ao *self*.

Se for capaz de fazer essas partes se afastarem e abrir espaço interno, é provável que sinta uma mudança em seu estado de consciência. Do meu ponto de vista, seu *self* será acessado por meio dessa divisão. O simples fato de fazer as outras partes abrirem espaço traz o *self* à tona. Muitos tipos de meditação funcionam por simplesmente conduzir você até a mente mais vazia e aberta, permitindo que sinta a sensação de bem-estar que preenche esse espaço.

Mas, em vez de apenas observar o que a maioria das tradições pensa ser o ego ou meros pensamentos e emoções efêmeras, nesse processo você se volta para o que está observando e começa um novo relacionamento, uma relação que envolve muito interesse. Preferencialmente, pode continuar a se aprofundar no relacionamento, e as partes realmente apreciam quando se faz isso. Em geral, elas trabalham sozinhas, sem qualquer supervisão adulta, e a maioria é muito jovem. Quando, finalmente, você se volta para elas e lhes dá um pouco de atenção, parece como um pai/uma mãe que foi negligente, mas que finalmente está se tornando mais acolhedor(a) e interessado(a) em suas crianças.

Exercício: Mapeando suas Partes

Agora eu o convido a conhecer um conjunto de partes que se relacionam entre si. Para fazer isso, você precisará de um bloco de papel, um lápis ou uma caneta. Novamente, foco interno, e pense em outra parte — não aquela com a qual acabou de trabalhar, mas uma diferente, que gostaria de começar dessa vez. O ponto de partida pode ser qualquer emoção, pensamento, crença, impulso ou sensação.

Ao se concentrar nessa nova parte, encontre-a em seu corpo ou ao redor dele. Agora fique concentrado nela até ter conhecimento suficiente sobre ela e consiga representá-la na folha à sua frente.

Não precisa ser um desenho artístico — qualquer imagem serve. Pode até ser um rabisco. Encontre uma forma de representar essa parte de você em uma página em branco. Fique concentrado na parte até saber como representá-la e depois a desenhe.

Após colocar essa primeira parte na folha, concentre-se novamente no mesmo lugar em seu corpo e continue concentrado até notar algum tipo de mudança, e outro ponto de partida — outra parte — surgirá. E quando isso acontecer, concentre-se na segunda parte, encontre-a em seu corpo e fique com ela até poder representá-la na folha também.

Depois que desenhar a segunda, volte a ela de novo e fique até perceber outra mudança, e outro ponto de partida surgirá. E então mude seu foco para essa nova parte, encontre-a em seu corpo e fique com ela até poder representá-la na folha. Depois, mais uma vez, volte para a terceira, concentre-se nela no seu corpo e mantenha-se assim até que outra surja. Depois mude para essa, encontre-a em seu corpo, e fique com ela até conseguir representá-la.

Pode repetir esse processo até sentir ter mapeado um sistema completo dentro de você. Quando sentir que fez isso, volte seu foco para o exterior, para o seu entorno.

É provável que o que encontrou seja um *dente de alho*, como chamamos no IFS. Você pode estar familiarizado com a analogia da cebola usada na psicoterapia — você retira as camadas de cascas, chega ao seu núcleo, depois o cura, e pronto. Bem, no IFS é mais parecido com uma cabeça de alho. Você tem todos esses diferentes dentes, cada um com uma porção de partes diversas, relacionadas entre si, e que talvez estejam todas presas em um único lugar do passado. Ao trabalhar com um dos dentes, você se sentirá livre dos fardos que ele continha, mas talvez não tenha tocado nos outros dentes que giram em torno de outros traumas. Portanto, esse exercício de mapeamento foi elaborado para trazer à tona um dos seus dentes de alho — um subsistema interno. Sinta-se livre para continuar e mapear outros dentes do sistema.

Agora eu gostaria que você segurasse sua folha de papel um pouco distante, e então estenda os braços, segurando o bloco de papel, e olhe com um pouco de perspectiva para as quatro ou cinco partes que representou. Como as partes se relacionam umas com as outras? Algumas protegem outras? Brigam entre si? Há algum tipo de aliança entre elas? Ao começar a formar algumas respostas, faça uma anotação no desenho que as representa.

Agora quero que olhe para as partes de novo e explore como se sente em relação a cada uma delas. Quando terminar, pense no que esse sistema precisa de você. E, finalmente, reserve um momento para se concentrar de novo no seu interior e agradecer a essas partes por se revelarem a você, e avise-as novamente de que essa não será a última vez que conversará com elas. Depois, volte seu foco para o exterior novamente.

Recomendo esse exercício para muitos contextos. Por exemplo, se você tem um problema urgente em sua vida, vá para o seu interior, mapeie-o, e algumas respostas virão à tona — seja sobre qual decisão tomar ou quais partes estão tornando isso difícil. Mapear suas partes é outra maneira de se separar delas, porque muitas vezes estamos muito ligados com mais de uma.

CAPÍTULO DOIS

Por que as Partes Se Combinam

No IFS, usamos o termo *combinar* para descrever o fenômeno no qual uma parte funde perspectiva, emoções, crenças e impulsos com o seu *self*. Quando isso acontece, os atributos do *self* são obscurecidos e parecem ser substituídos pelos da parte. Talvez você se sinta sobrecarregado de medo, raiva ou apatia. Pode se dissociar ou tornar-se confuso ou ter anseios. Em outras palavras, pelo menos temporariamente, você se torna a parte com a qual se combinou. É a garota amedrontada ou o garoto mal-humorado que já foi um dia.

Por que as partes se combinam? As partes protetoras se combinam porque acreditam que têm que lidar com situações em sua vida. Elas não confiam em seu *self* para fazê-lo. Por exemplo, se seu pai bateu em você na infância e você não pôde impedi-lo, suas partes perdem a confiança na capacidade do *self* de proteger o sistema e acreditam que devem fazê-lo. Traçando um paralelo com as famílias externas, elas se tornam os filhos parentificados internos (que assumem o lugar dos pais). Ou seja, carregam a responsabilidade de protegê-lo, apesar de, como crianças parentificadas externas, não estarem preparadas para isso.

Com frequência, as partes se tornam extremas em seus esforços de proteção e dominam seu sistema pela combinação. Algumas o deixam hipervigilante, outras o levam a reagir com raiva exagerada diante de insultos percebidos, outras o levarão a se dissociar todas as vezes ou a causar uma completa dissociação diante de ameaças percebidas. Algumas se transformam em críticos internos conforme tentam motivá-lo a observar ou a agir melhor ou tentam envergonhá-lo para não assumir riscos. Outras fazem com que você cuide de todos à sua volta e negligencie a si mesmo.

A lista de papéis protetores comuns em sistemas traumatizados pode continuar indefinidamente. A questão é que esses sintomas e padrões são atividades de partes jovens e estressadas que estão frequentemente paralisadas no tempo em traumas passados e acreditam que você é ainda muito jovem e indefeso. Elas frequentemente acreditam que devem se combinar dessa forma ou alguma coisa horrenda acontecerá (quase sempre, você morrerá). Considerando em que lugar no passado elas estão presas, faz sentido que acreditem nisso.

Na maioria das vezes, alguns de nós estão combinados com algumas partes, e, acostumados a isso, nem pensamos que as crenças que consequentemente mantemos são extremas. Temos apenas uma noção básica de que somos uma fraude, que não devemos confiar completamente em qualquer um, ou que temos que trabalhar constantemente para evitar nos tornarmos pessoas sem posses. Podemos até mesmo não estar conscientes dessas crenças — ainda que esses fardos governem nossa vida e nunca sejam examinados ou questionados.

Outras partes apenas se combinam quando desencadeadas — alguém nos rejeita, e, de forma repentina, ficamos inundados de vergonha; um motorista nos corta, e ficamos loucos de raiva; ao nos preparar para uma apresentação, temos um ataque de pânico. Sabemos que são reações exacerbadas, mas não temos uma ideia real de por que ficamos tão chateados. E, porque nunca nos perguntamos internamente, simplesmente continuamos pensando em nós mesmos como pessoas sensíveis, zangadas ou ansiosas.

> **Como o sol, o self pode estar temporariamente obscurecido, mas ele nunca desaparece.**

É importante lembrar que, independentemente de quantas combinações temos, o *self* ainda está ali — ele nunca vai embora. Antigamente, quando havia um eclipse solar e de repente tudo ficava escuro, porque a Lua bloqueava o Sol, as pessoas entravam em pânico, acreditando que o Sol havia desaparecido. Como o Sol, o *self* pode estar temporariamente obscurecido, mas nunca desaparece. Quando a lua passa ou as nuvens se dissipam, o sol brilha tanto quanto antes. Igualmente, quando as partes se combinam, a energia nutritiva do *self* está prontamente disponível de novo, e as partes são reconfortadas com a noção da presença de um líder interno forte e amoroso.

As partes combinadas nos dão projeções, transferências e outras visões distorcidas que são o ganha-pão da psicoterapia. A visão do *self* não é filtrada por essas distorções. Quando estamos no *self*, vemos a dor que direciona nossos inimigos, em vez de suas partes protetoras. Suas protetoras apenas veem as protetoras dos outros. A claridade do *self* lhe dá um tipo de visão de raio x, assim você pode enxergar a vulnerabilidade atrás das partes protetoras dos outros, e, por sua vez, seu coração se abre para elas.

Suas protetoras apenas veem as protetoras dos outros.

O *self* também sente o *self* de todos e, consequentemente, tem uma profunda noção de conexão, assim como um forte desejo de se conectar com o *self* dos outros. Essa noção de conectividade tem um elemento espiritual que exploraremos mais tarde neste livro — nos sentimos conectados ao Espírito, ao Tao,[*] a Deus, a Bramã,[†] ao Grande *Self*. Sentimos isso porque *estamos* conectados com ele.

Quando nos combinamos com partes que carregam fardos, perdemos toda a nossa noção dessa conexão e nos sentimos separados uns dos outros e do espírito — sozinhos e solitários. Eis aqui outro paralelo entre os sistemas internos e externos. Após carregarem fardos, nossas partes sentem-se solitárias e desconectadas umas das outras e do nosso *self*.

---

[*] Tao — No taoismo, fonte e princípio abrangente, diretor, infalível e inalterável, que abrange toda a realidade. [N. da R.]

[†] Bramã — Conceito do hinduísmo, semelhante ao conceito de absoluto presente em outras religiões. O termo designa o princípio divino, não personalizado e neutro do bramanismo e da teosofia. [N. da R.]

Elas não percebem que todas são afetadas pelo que acontece umas com as outras e que são amadas pelo *self*. Nós também não.

Assim, encontrar as partes combinadas e ajudá-las a confiar que é seguro separá-las é uma parte crucial no IFS. Como você deve ter descoberto no exercício do mapeamento, o simples fato de notar as partes e representá-las em uma folha em branco frequentemente cria separação suficiente delas (desconexão suficiente) para que possa ter uma perspectiva diferente. Como a vista de uma cidade a nove mil metros, você pode ver mais claramente os papéis que assumem e como operam como um sistema. Uma vez fora das árvores, consegue ver a floresta.

Não só você consegue vê-las melhor, como é mais fácil cuidar de cada uma quando se está acima do que quando se está no meio, no fogo cruzado. Quando há separação suficiente das partes que odeiam o seu medo, por exemplo, você vê que não é um monte de neuroses irracionais, mas uma parte semelhante a uma criança assustada que precisa ser confortada. Você tem compaixão pelo garotinho e quer abraçá-lo, em vez de censurá-lo. Descobre que abraçar essas partes funciona verdadeiramente — e não é mais atormentado pelo medo.

Muitas tradições espirituais enfatizam a importância de amar, ou, pelo menos, ter compaixão por si mesmo. O IFS ensina precisamente como fazer isso. Por exemplo, Kristin Neff e Chris Germer trouxeram a público um movimento grande e maravilhoso chamado Mindfulness e Autocompaixão, baseado em algumas práticas budistas que são muito compatíveis com o IFS. O IFS torna essas práticas um pouco mais concretas, ajudando-o a estender o cuidado e o estímulo de partes específicas que estão sofrendo ou são antigas inimigas, e você pode observar como elas reagem.

Além disso, enquanto algumas tradições ensinam que você precisa desenvolver o músculo da compaixão com práticas específicas, no IFS, o *self* já está repleto de compaixão, que precisa simplesmente ser libertada, não fortalecida. Práticas diárias podem ser úteis para ajudar as partes a confiarem que é seguro libertar a compaixão, e isso pode ser acelerado conhecendo e lidando com seus medos sobre como fazer.

Na verdade, a maioria das meditações pode ser vista como práticas de separação. Quer você se separe de pensamentos e emoções percebendo-os de um lugar de calma aceitação ou repetindo mantras que o colocam para dormir, você acessará o *self*. À medida que essas meditações o ajudam a ter mais calma, confiança, clareza, coragem, criatividade, curiosidade e conectividade com sua vida (mais sobre esses oito Cs daqui a pouco), suas partes passam a confiar mais em seu *self* para lidar com o interior e o exterior. O IFS oferece uma abordagem específica à meditação que você poderá experimentar no próximo exercício.

Exercício: Separação e Corporificação

Esta é uma breve meditação que faço diariamente, assim como muitas pessoas que seguem a orientação do IFS. Eu o incentivo a tentar isso como uma prática diária.

Fique confortável e, se ajudar, respire profundamente. Em seguida, comece se concentrando e verifique com quais partes você está trabalhando ativamente. Para fazer isso, veja se pode encontrar cada uma delas em seu corpo ou ao seu redor e se interesse em como elas fazem isso. Ou seja, pergunte a cada uma delas se há algo que ela quer que você saiba ou se precisa de alguma coisa — como faria com uma criança aos seus cuidados.

À medida que vai conhecendo, em algum momento, ajude a parte a conhecê-lo melhor — é você que está com ela agora —, e, na maioria das vezes, essas partes não o conhecem de verdade. Em vez disso, elas têm interagido com outras partes ali e, com frequência, acreditam que você ainda é uma criança pequena.

Muitas vezes, esse é o primeiro encontro delas com o "você" interessado e que se importa com elas. Deixe que saibam quem você é, até a sua idade, visto que elas, com frequência, pensam que você é muito mais jovem. Faça com que saibam que não estão mais sozinhas e veja como reagem. Pode perguntar, se quiser, quantos anos elas acham que você têm. Pode pedir para que se voltem e olhem para você.

Depois de entrar em contato com as partes com as quais começou a trabalhar, pode abrir espaço e convidar quaisquer outras partes que precisam de atenção a virem à tona e esperar para ver quais pontos de partida — pensamentos, emoções, sensações, impulsos — emergem. De forma similar, conheça essas partes novas e ajude-as a conhecê-lo.

Essa parte é opcional e pode ou não acontecer. Revisite cada parte, uma de cada vez, e as convide para relaxar e abrir espaço interno, assim você pode estar mais em seu corpo. Se uma parte desejar fazer isso, notará uma mudança palpável no corpo ou na mente em direção a mais espaço e paz no lugar onde as partes parecem residir. Se não acontecer, não se desespere, pois elas podem não o conhecer bem o suficiente para se sentirem seguras para fazer isso, e não há problema.

Se elas se separarem de fato, perceba que terá uma noção maior de espaço e corporeidade, de quem é, e as peculiaridades que sente quando se encontra nesse lugar. Como está seu corpo e sua mente agora? Perceba a amplitude, a sensação de bem-estar e a plenitude — você é pleno. Perceba também a sensação de que não há nada a fazer no momento e que está tudo bem. Algumas pessoas sentem espontaneamente uma energia vibrante correndo pelo corpo, fazendo os dedos dos pés e das mãos formigarem. Isso é o que as pessoas chamam de *chi* [na China é chamado de chi, no Japão é chamado de ki, é como uma força vital], kundalini [fenômeno bioelétrico e espiritual, dito ser uma energia adormecida que fica concentrada na base da coluna] ou prana [o princípio da vida, na teosofia], mas no IFS chamamos de energia do *self*.

Eu o convido a ter uma noção de como é para você, para o seu *self*, ser mais corporificado. Se puder se familiarizar somaticamente com esse estado, poderá perceber quando estiver assim ou não, ao longo do dia. Qualquer desvio desse estado é, de maneira geral, devido à atividade das partes que tenham se combinado de alguma forma e estão fornecendo pensamentos perturbadores, bloqueando o fluxo de energia, fechando o seu coração, fazendo você sentir pressão em lugares diferentes, e assim por diante. Você pode notar essas atividades e, em seguida, tranquilizar as partes que estão atuando de que não precisam disso — que é seguro se separarem, pelo menos durante a meditação. Depois disso, elas podem voltar à atenção, se realmente quiserem. No entanto, descobri que, com a prática, as partes aumentam sua confiança gradualmente e que entendem que é seguro e benéfico deixar o *self* se corporificar. Elas também confiam que o *self* se lembrará de entrar em contato com elas — que será um bom pai interno. Essa liderança do *self* as ajuda a sair do papel de parentificação e a considerarem a liberação de seus fardos.

No próximo minuto ou mais, eu o convido a mudar seu foco de volta ao exterior. Antes de voltar, porém, agradeça suas partes por deixá-lo se corporificar mais, ou, se não deixaram, por avisá-lo que ainda estavam com muito medo para fazer isso. Depois volte, quando achar apropriado.

Os Quatro Objetivos Básicos do IFS

1. Libertar as partes dos papéis que foram forçadas a desempenhar, assim elas podem ser quem foram concebidas para ser.

2. Restaurar a confiança no *self* e em sua liderança.

3. Rearmonizar o sistema interno.

4. Tornar-se mais guiado pelo *self* em suas interações com o mundo.

Esse tipo de separação não precisa ser limitada a sessões de vinte minutos. Pode se tornar uma prática para a vida. Durante o meu dia, percebo o quanto estou mais corporificado — o quanto meu *self* está presente. Verifico meu coração para ver o quanto está aberto, sinto se minha mente também está aberta ou se estou com uma programação intensa ou pensamentos constrangedores, a ressonância da minha voz, quando falo, sinto se a energia vibrante do *self* está fluindo ou não, examino se há tensão na fronte ou peso nos ombros (que é onde meus gerentes estão), e assim por diante. Esses são alguns de meus indicadores, e o incentivo a encontrar os seus.

Depois de praticar por muitos anos, posso verificar esses indicadores rapidamente e, em seguida, pedir para quaisquer partes ativadas que relaxem, se separem e confiem em mim para se corporificarem. Como minhas partes confiam em mim agora, percebo mudanças imediatas em todos esses atributos e lugares do corpo. Há algumas circunstâncias em que ainda existe um desafio, mas isso simplesmente significa que ainda preciso curar algumas das partes que foram ativadas por essas situações. Quando você puder estar presente com suas partes no mundo interior, poderá levar mais de sua vida para o mundo exterior a partir desse ponto.

Nessa meditação, pedi para dizer às suas partes quantos anos você realmente tem. Quando peço que as pessoas façam essa pergunta (que é: "Quantos anos você acha que eu tenho?"), talvez 70% das vezes a resposta tem um único dígito. Com frequência, o número que se recebe como resposta é a idade que você tinha quando a parte foi forçada a sair de seu próprio valor e entrar no papel em que está agora. É como se, uma vez que a parte assume esse papel, ela se concentrasse no mundo exterior e nunca mais olhasse para você — e não percebesse que você cresceu. Assim, muitas partes acreditam que ainda o estão protegendo como a uma criança pequena. Em muitos casos, a sua idade hoje é uma grande revelação para essas partes — muitas não acreditam nisso no início.

O objetivo desse processo de atualização é suas partes perceberem que não são os guardiões solitários que imaginam. Em vez disso, quando começam a confiar em você — no *self* — como o líder interno, sentem um enorme alívio e podem se tornar quem foram feitas para ser. Podem ser um pouco mais velhas ou mais novas, ou ter a mesma idade, mas universalmente desenvolvem papéis valiosos.

Mais Sobre as Partes

Antes de ir um pouco mais profundamente nesse trabalho, quero ter certeza de que fui claro sobre o que chamo de partes. Como discuti antes, as partes, tipicamente, são confundidas com os papéis extremos que assumem. Como consequência, acabamos apenas lutando, rejeitando ou menosprezando-as.

Há um paralelo com outras pessoas aqui. Depois de serem traumatizadas ou repetidamente humilhadas, as pessoas, com frequência, se comportam de formas extremas — têm vícios, sentem ódio ou ataques de pânico, se tornam narcisistas ou obsessivas. Nossa cultura e a comunidade psiquiátrica normalmente respondem a isso com diagnósticos patologizantes e monolíticos. No entanto, por meio dos esforços heroicos de Bessel van der Kolk e outros — com Gabor Maté na área dos vícios —, essa tendência começou a mudar, e podemos ver esses extremos como o produto de suas histórias traumáticas e de negligência, das quais podem ser libertadas. Como percebi repetidamente, nenhuma das partes, ou as pessoas, é inerentemente defeituosa ou destrutiva.

Todos temos essas partes, e todas são valiosas até carregarem fardos e serem forçadas a desempenhar papéis distorcidos pelo que aconteceu antes em nossa vida. O IFS inicia um processo que permite que se transformem totalmente de volta aos seus estados naturalmente valiosos. Quando isso acontece, não apenas a parte sai de seu papel extremo, mas se tem acesso também aos seus atributos e recursos que não estavam disponíveis antes.

Partes são pequenos seres internos, que estão tentando fazer o melhor para mantê-lo seguro.

Na verdade, essas partes não são aflições e não são o ego. São pequenos seres internos que estão tentando fazer o melhor para mantê-lo seguro, manter as outras partes seguras e se manter unidas. Elas têm personalidades abrangentes: cada uma tem desejos, idades, opiniões, talentos e recursos diferentes. Em vez de apenas aborrecimentos ou aflições (o que podem ser enquanto estão em seus papéis extremos), são seres internos maravilhosos.

É o estado natural da mente ter partes — elas não são produto de traumas ou interiorizações de vozes ou energias externas. É apenas o modo como fomos feitos, e isso é bom, porque todas as nossas partes têm atributos e recursos valiosos a nos fornecer.

Assim, a parte zangada não é um aglomerado de raiva. Se ouvi-la com a mente aberta, perceberá que ela tem muitas razões para ter raiva, mas também tem medo e tristeza e só está tentando fazer o melhor para mantê-lo distante da raiva. Lembre-se de que as partes têm desejos, idades, emoções e opiniões diferentes, assim, são como pequenas pessoas internas, e, como são muito jovens, são como crianças internas.

Quando você era jovem e passou por traumas (por exemplo, trauma de apego), não tinha corpo ou mente suficiente para se proteger. O seu *self* não podia proteger suas partes, assim, elas perderam a confiança nele como líder interno. Elas podem ter empurrado seu *self* para fora do corpo, mas ficaram no prejuízo — acreditavam que tinham de controlá-lo e protegê-lo, junto com suas outras partes. Mas ao tentarem lidar com a emergência, ficaram presas naquele lugar parentificado e carregaram fardos intensos de responsabilidade e medo, como uma criança parentificada.

É por isso que realmente ajuda perceber que você não é mais tão novo. Elas ficam presas, no entanto, não porque não têm certeza da sua idade, mas porque vivem no passado — paralisadas no tempo em que os traumas ocorreram. É por isso que ainda pensam que têm de proteger as outras partes que também foram feridas por essas experiências e carregar os fardos — emoções e crenças extremas — daquela época. Elas se sentem sozinhas com toda essa pressão e esse terror. O simples fato de você voltar sua atenção para dentro e começar a ouvi-las e conversar com elas as faz perceber que não estão sozinhas — pois *você* está lá para cuidar delas. Isso é bem radical, e você é muito bem-vindo nesse orfanato interno.

Cinco Coisas para Saber Sobre as Partes

1. **Partes são inatas.** Pesquisadores do comportamento infantil, como T. Berry Brazelton, relatam que as crianças alternam entre cinco ou seis estados, um após o outro.[1] Talvez sejam essas partes que estavam conectadas quando nascemos e as outras estavam dormentes até o momento adequado em seu desenvolvimento em que seriam necessárias e então surgiriam. Por exemplo, os que têm filhos devem se lembrar daquela noite em que colocaram um bebezinho de dois anos na cama e a criança acordou dizendo *não* a praticamente tudo na manhã seguinte. Essa parte assertiva apareceu da noite para o dia. Portanto, é estado natural da mente ter partes.

2. **Nenhuma parte é ruim.** À medida que as conhece, você perceberá toda sua gama de personalidades. A maioria é jovem — mesmo as que dominam sua vida —, e podem ser muito inteligentes. Depois que as partes se libertarem de seus fardos, manifestarão sua verdadeira natureza com atributos valiosos (como prazer, alegria, sensibilidade, empatia, admiração, sexualidade) e recursos (como a capacidade de concentração, discernimento claro, assertividade, paixão em servir aos outros ou ao mundo), aos quais terá novo acesso e que enriquecerão a sua vida.

3. **Quase sempre é preciso conquistar a confiança delas.** O fato de elas terem fardos sugere que você não as protegeu no passado e que pode tê-las trancado ou explorado, dependendo de seus papéis protetores extremos. Dessa forma, elas geralmente têm boas razões para não confiar em você. Como crianças selvagens, precisam de seu amor e carinho, mas a princípio, não confiam nisso, por causa de sua história com você. Às vezes, é preciso que mostre seu *self* repetidamente e se desculpe com elas para reconquistar sua confiança. Felizmente, na verdade, elas não são crianças selvagens, assim, esse processo da confiança com frequência não precisa de mais do que algumas visitas.

4. **Elas podem causar muito dano ao seu corpo e à sua vida.** Como estão paralisadas e carregam os fardos daqueles momentos, farão o que for preciso para conseguir sua atenção quando você não as ouvir: punirão você ou outras pessoas, convencerão os outros a cuidar delas, sabotarão seus planos ou eliminarão pessoas de sua vida que veem como ameaça.

   Para fazer tudo isso e mais, podem exacerbar ou causar sintomas físicos ou doenças, pesadelos e sonhos estranhos, explosões emocionais e estados emocionais crônicos. Efetivamente, a maioria das síndromes que compõem o *Manual Diagnóstico e Estatístico de Transtornos Mentais* tem descrições simples de diferentes conjuntos de partes protetoras que dominam as pessoas após terem sido traumatizadas. Quando você analisa esses diagnósticos dessa forma, se sente muito menos deficiente e muito mais capacitado para ajudar essas protetoras a deixarem seus papéis.

5. **Elas são muito importantes e merecem ser tratadas com seriedade.** Se puder estabelecer um novo relacionamento amoroso com elas e ajudá-las a se transformar, se tornarão companhias maravilhosas, conselheiras e parceiras. Você desejará passar um tempo com elas e ouvir quais ideias têm para oferecer. Seus conflitos não o preocuparão mais, porque você sabe que elas são apenas partes e que pode ajudá-las a seguir em frente — você se tornará um bom cuidador interno quando necessário. E será uma bela prática de vida passar um tempo só com elas.

Sessão Um: Sam

Incluí neste livro diversas transcrições de sessões de IFS com meus pacientes, assim você terá uma ideia melhor de como o trabalho acontece em tempo real. Se não estiver claro, sou a parte descrita como Dick, ou apenas D.

Todos os anos, ministro aulas em um lindo retiro chamado Esalen, próximo a Big Sur, na Califórnia. No último inverno, Sam Stern (que cuidava do *podcast* do retiro na época) me pediu para dar uma entrevista e concordou, corajosamente, que eu demonstrasse o IFS com ele. Foi sua primeira experiência com o IFS. Se quiser ouvir a entrevista, acesse: soundcloud. com/voices-of-esalen/dr-richard-schwartz-internal-family-systems.

DICK: Então, com o que gostaria de trabalhar?

SAM: Bem, tem essa parte no seu trabalho sobre um ponto de partida, fazer anotações de uma área que poderia ser interessante ou frutífera de trabalhar. Sofri *bullying* quando estava na oitava série, e foi uma experiência muito ruim. E sim, guardei isso dentro de mim. Parece que algumas partes internas foram fechadas.

D: Ótimo. Você gostaria de se concentrar na dor que te causou? Na vergonha? Ou quer se concentrar na parte que fechou?

S: Essa aí — a que está fechada.

D: Então encontre essa parte fechada e veja se está em seu corpo ou ao redor dele.

S: O que estou procurando, Dick?

D: Uma parte entorpecida talvez… Uma maneira de fazer isso é pensar naquele menino de treze anos aí dentro, o que surge em termos de medo?

S: Não sinto medo. Consigo ver um menino que é frágil e fraco e não me sinto conectado a ele.

D: Como você se sente em relação a ele quando o vê?

S: Não quero estar com ele.

D: Certo, então se concentre na sensação de não querer estar com ele e pergunte a essa parte do que ela tem medo que aconteça, se deixar você ficar com ele.

S: Hum, parece que ele tem medo de ser punido fisicamente de novo. É quase como se tivesse medo de mim.

D: Certo, mas como você se sente em relação a ele?

S: Quero que ele se fortaleça. Ele deveria revidar e se defender.

D: Muito bem. Diga para a parte que compreende o porquê de ela querer isso, mas que vamos pedir a ela para nos dar espaço para tentarmos ajudar esse garoto de forma diferente, e veja se ela pode se afastar e relaxar um pouco.

S: Preciso mesmo falar algo para ela?

D: Não precisa dizer em voz alta, apenas internamente, e veja se pode sentir essa parte recuando ou relaxando.

S: Sim, essa parte brava e revoltada está disposta a se afastar.

D: Como se sente em relação ao menino agora?

S: Um pouco mais próximo. Como se fosse meu irmão.

D: Certo, ótimo. Muito bem, então avise a ele que você está ali para ajudá-lo e veja como ele reage a essa notícia.

S: Legal! Ele se sente bem. Quase como se estivesse mais cheio de vida, está mais animado e tranquilo.

D: Que ótimo. Bom. Certo, então pergunte o que quer que você saiba sobre ele e espere a resposta chegar.

S: Estou percebendo que ele quer fazer parte do time de beisebol. Agora parece que somos amigos. É, ele está se abrindo, e é como se pudéssemos no divertir muito se ele ficasse lá em casa.

D: Que maravilha. Muito bem, Sam, vá em frente e peça que ele te explique o que realmente aconteceu para que tenha se sentido ameaçado. Apenas espere por qualquer coisa que queira te dar em forma de emoção, sensações ou imagens.

S: Ele disse que ficou surpreso, que se sentiu traído. Pensou que estivesse tudo bem entre ele e o outro garoto, como se estivessem do mesmo lado, e depois, de repente, ele o chamou dizendo que ia lhe dar uma baita surra.

D: Certo. Isso faz sentido para você, Sam? Isso o faria se sentir péssimo?

S: Claro que sim.

D: Certo. Então avise-o que entendeu. E se tem algo mais que ele queira te dar e como foi isso para ele.

S: Tenho pensado tanto nisso, que tenho dificuldade para separar minhas suposições e o que de fato são minhas lembranças.

D: Certo. Vamos pedir para a parte do pensamento, a parte da narrativa, para nos dar um pouco de espaço também, como fizemos com as outras, e veja se isso é possível. Veja se a parte do pensamento pode se afastar também.

S: Certo, se afastaram.

D: Então, vá em frente e pergunte ao menino de treze anos de novo se pode te dizer o que realmente aconteceu e o quanto isso foi ruim.

S: Apenas rejeição. Sinto como se eu estivesse lá e depois me retirei.

D: Muito bem. Então descubra a parte que te retirou de lá.

S: Ele está com medo que eu seja muito afetado. Será embaraçoso. Eu vou me julgar.

D: Ele está com medo do garoto valentão do início? Ele bateria em você por ter chorado? [*Sam concorda*] Não precisamos continuar se for muito assustador, mas vamos pedir àquele valentão para se confinar em um quarto por um momento. Diga a ele que conversaremos com ele depois e o deixaremos sair.

S: Ele entendeu.

D: Certo. Agora veja se a parte que chegou para afastá-lo pode nos deixar voltar. Prometo que, se elas deixarem você ir até o fim com isso, podemos curar esse valentão, depois ele não ficará mais preso. Ele não se sentirá mal mais, e elas não precisarão mais se preocupar com ele. Elas só precisam nos dar espaço.

S: Bom, o valentão disse que ficará no quarto. Disse que está pronto. Vai nos dar espaço.

D: Certo. Que ótimo. Veja se pode ir até o menino.

S: Não sinto que estou com o menino.

D: Então há outra parte no caminho. Pergunte a que está bloqueando o que tem medo que aconteça se deixar você ficar com ele.

S: Não estou recebendo nada — parece mais um espaço vazio.

D: Muito bem. Então me deixe conversar diretamente com a parte. Certo, você está aí? Está disposta a falar comigo?

S: Sim.

D: Certo, você é a parte de Sam que o está impedindo de ficar com o menino agora, não é mesmo?

S: Sim.

D: O que você tem medo de que aconteça se deixar ele voltar para perto do menino e sentir um pouco disso?

S: A conexão com o menino fraco fragilizaria a pessoa como um todo.

D: E o que aconteceria se Sam ficasse mais fragilizado?

S: Eu teria que mudar a pessoa que já passei tanto tempo construindo. Eu dirijo tudo com mão firme, é o que estou tentando dizer. Tudo funciona do meu jeito.

D: Entendi. Muito bem, bom, não queremos estragar tudo. Por outro lado, acho que um pouco do porquê de você levar tudo com mão firme, do quão duro trabalha, é provavelmente porque esse menino está aí e você está tentando manter o Sam longe dele.

S: É verdade.

D: E o que estou te oferecendo é a possibilidade de não precisar trabalhar tanto, porque o menino se sentirá melhor.

S: Certo, mas se eu não estiver aqui, então como ajudarei Sam a conseguir fazer tudo?

D: Compreendo. Não faremos sem a sua permissão, mas se quiser, prometo que podemos fazer o que estamos dizendo, e você ficará livre para fazer outra coisa.

S: Certo. Bem, se for melhor para o Sam, eu concordo.

D: Muito bem, que ótimo. Então, se você não se importar, vá para a sala de espera até que terminemos e me deixe falar com o Sam de novo. Sam, veja se consegue chegar perto do menino agora.

S: Certo, me sinto perto dele.

D: Bom. Avise-o que está de volta e que sente muito por deixar as partes retirá-lo dali. Diga a ele que está pronto para saber o resto da história. Tudo o que ele quiser falar do quanto foi ruim.

S: Certo. Ele se sente muito pequeno. Mais jovem que treze anos. Muito mais jovem. Sim, como alguém com dois anos de idade.

D: Certo. Como se sente em relação ao menino de dois anos de idade?

S: Ternura.

D: Que bom. Avise a parte também que está com ele e que se importa com ele. Veja o que ele quer que você saiba.

S: Estou sentindo muito amor neste momento. Sinto como se meu coração estivesse se abrindo. E, sim, estou sentindo amor em relação ao menino de treze anos também. Como uma ternura, como um pai.

D: Certo. Avise os dois então.

S: É uma sensação boa. É algo extremamente agradável.

D: Sim, podemos ficar assim por um instante, se quiser. Mas também fique aberto para algo que elas queiram que você saiba.

S: Sinto o meu eu com treze anos. Eu o vejo, e ele está usando um uniforme escolar estranho de sétima ou oitava série. Parece que não é adolescente ou não se desenvolveu muito. As roupas não parecem corretas, e ele não consegue se defender direito, os ossos parecem frágeis. Não sinto repulsa, sinto empatia agora.

D: Fale para ele e veja se há mais que ele queira que você saiba.

S: Ele quer ser engraçado e popular, e isso dói muito. Sofrer *bullying* acabou com a ideia de ser popular. Isso realmente o fechou. É. Estou pensando em como, mais tarde, eu me desenvolvi. Quando tinha dezenove anos e estava na faculdade, descobri como ser popular e o quanto isso era importante para mim.

D: É claro. Diga a ele que você está entendendo tudo e veja se tem mais alguma coisa que ele queira que saiba.

S: Certo. Ele não tem um espírito ruim. Não está bravo. Está mais para "só não me machuque", mas ainda está otimista.

D: Bom. Mas pergunte se agora ele sente que você sabe o quanto isso o feriu. Ou se tem mais alguma coisa que ele queira que saiba.

S: Sim, estou recebendo dele uma sensação do tipo "A noite escura da alma"* e o terror.

D: Fale para ele que você está bem com isso. Que você quer sentir. Tanto quanto ele quer que sinta. Ele sabe como você realmente sente o medo que ele estava sentindo agora?

S: Ele disse que sim.

D: Ótimo. Agora, Sam, quero que vá para aquele momento e fique com ele da maneira que ele precisava de alguém na época. Só me fale quando estiver lá com ele.

S: Estou com ele. Estou falando para ele que sou amigo — um protetor.

D: Ótimo. Como ele está reagindo?

S: Ele se sente bem. Tem alguém do seu lado.

D: Isso mesmo. Pergunte se tem alguma coisa que ele quer que você faça.

S: Ele quer que eu o leve para a idade adulta, na qual ele pode fazer sexo e coisas de adulto. Ele sempre se interessou em estar nesse domínio.

D: Certo, vamos fazer isso. Mas primeiro... ele quer que você faça alguma coisa com o valentão ou outra coisa antes de o levarmos para fora?

S: Não. Ele não parece vingativo. Não parece querer bater em ninguém.

D: Muito bem. Vamos levá-lo aonde quiser. Pode ser o presente, o mundo da fantasia. Aonde quiser.

S: Ele quer ir ao evento Burning Man.†

D: Ah, legal! Certo. [*Pausa*] Como ele está se sentindo?

S: Um pouco envergonhado.

D: Diga a ele que o ensinará sobre como fazer as coisas lá. Diga a ele que nunca mais terá que voltar à época do *bullying* de novo. [*Sam chora muito de alívio*] Isso. É um grande alívio, não é? Que ótimo. Isso. Nunca mais ele terá que voltar lá. Isso é maravilhoso, Sam.

S: Maravilhoso, cara. São lágrimas de alegria.

---

* "A noite escura da alma" — É um termo que é comumente usado para descrever um período de transformação espiritual. Tem origem em um poema escrito no século XVI pelo poeta espanhol e místico cristão São João da Cruz. [N. da R.]

† Burning Man — Evento de experimento social colaborativo e de comunidade, realizado anualmente desde 1986, em Black Rock Desert, no estado norte-americano de Nevada, costuma atrair mais de 70 mil pessoas. O festival conta com uma grande galeria de arte a céu aberto, chamada de "Playa". Em seu centro, há uma escultura gigante de madeira denominada "Burning Man". [N. da R.]

D: Isso é muito bom. E nunca mais ele terá que voltar, e você cuidará dele agora.

S: Sensacional. Parece que é o que ele sempre quis.

D: Isso mesmo. Pergunte agora se ele está pronto para se libertar dos sentimentos e das crenças que trouxe de lá, que está carregando todo esse tempo. Pergunte onde ele carrega tudo, se é em seu corpo, perto ou através dele.

S: Ao redor da cabeça. Em torno do quadril e do coração.

D: Certo. Pergunte onde ele quer abrir mão de tudo: na luz, na água, no fogo, no vento, na terra ou outra coisa qualquer.

S: Na luz.

D: Certo, Sam, então traga alguma luz e a faça brilhar nele. Diga a ele para deixar tudo sair de seu corpo. Deixe a luz levar embora, ele não precisa mais carregar isso. Fale para ele verificar seu corpo para ter certeza de que retirou tudo. Isso. Deixe ir para a luz. Isso mesmo. Agora diga para chamar os atributos que ele queira para dentro de seu corpo e veja o que recebe.

S: Parece orgulho e bondade para com os outros. Como um sentimento bom de super-herói.

D: Ótimo. Como ele te parece agora?

S: Como um amigo mais novo. Mas seguro e forte, sabe?

D: Tudo bem. Vamos deixar todos os caras saírem da sala de espera para vê-lo e observar como reagem. Fale para eles que não precisam mais protegê-lo de você, assim eles podem começar a pensar em desempenhar outros papéis.

S: Vejo curiosidade e perplexidade no rosto do valentão. Está totalmente confuso que ele não seja eu.

D: Não, ele não é você. Deixe claro para ele. Ele estava batendo nessa criança, o que não era bom, então...

S: Certo!

D: Ele precisa encontrar um novo papel agora. Pergunte o que ele gostaria de fazer, se realmente acredita que não teria que protegê-lo como costumava fazer.

S: Bem, ele está dizendo que é muito bom em tudo. Pode simplesmente escolher? Ele realmente tem um conceito bem alto de si mesmo. Muito. Vê tudo de bom que fiz na minha vida e quer ficar com o crédito. É isso.

D: Ele pode pensar em um novo papel. Não precisa decidir agora. Como está se sentindo internamente?

S: Eu me sinto espaçoso. Sinto-me diferente e interessante.

D: Certo. Muito bem. Parece se sentir completo agora?

S: Sim, tenho interesse em saber como posso entrar em contato com esse valentão para falar que, embora ele não esteja mais comandando o show, ainda é importante para mim.

D: Isso é exatamente o que você deve falar para ele. Não precisa se esforçar para entrar em contato — ele está por perto o tempo todo. Apenas se concentre nele e converse sobre isso. E então volte. É um belo trabalho, Sam.

S: É. Obrigado. Não esperava por isso.

Quis incluir essa sessão porque ela ilustra muito dos fundamentos do IFS. Por exemplo, pedi repetidamente para protetores diferentes abrirem espaço até o *self* de Sam surgir, e, espontaneamente, ele disse que se sentia mais próximo da parte exilada de treze anos. Depois presenciou como o menino sofreu *bullying* e fez com que as partes, que tentaram interferir na observação, se afastassem para que tudo pudesse ser concluído. Em seguida, o fiz ir até o menino de treze anos no passado e trazê-lo a um lugar seguro (Burning Man). O menino, então, queria se libertar dos fardos das emoções que recebeu no *bullying*. O menino se liberta dos fardos e se transforma. E, finalmente, trouxemos a parte protetora mais dominante, o valentão, para ver que o menino não precisa mais de sua proteção e que pode considerar um novo papel a desempenhar. Ao longo do tempo, as partes passaram a confiar cada vez mais na liderança de Sam.

Começamos a dividir as partes e a liberar o *self* para observar, recuperar e libertar o fardo da parte exilada, e depois ajudar uma protetora a considerar um novo papel. Além disso, houve um momento em que conversei diretamente com uma protetora, uma prática que chamamos de *acesso direto*. Embora muitas das partes protetoras de Sam tenham interferido em pontos diferentes, rapidamente elas se dispuseram a abrir espaço, uma vez que nós as tranquilizamos. Isso não acontece com a maioria das pessoas — leva mais tempo para que as protetoras confiem nelas e em mim —, então não fique frustrado se suas sessões não correrem tão rapidamente.

Também quis incluir essa sessão porque é um ótimo exemplo de como muitos meninos (inclusive eu) são forçados a lidar com suas feridas e, consequentemente, tornam-se dominados por partes agressivas que desprezam a vulnerabilidade em si mesmos e nos outros. Sam dificilmente era um cara macho (ele fazia *podcast* para o Instituto Esalen, pelo amor de Deus!), ainda assim, a experiência de sofrer *bullying* precocemente e sua resposta a isso tiveram um impacto significativo em sua vida.

Como adendo, quero incluir uma mensagem de Sam enviada para mim seis meses depois da sessão:

Pessoalmente, foi um avanço extraordinário para mim. Pensei MUITO (e senti) sobre essa parte. O menininho dentro de mim está se curando bem e sentindo muita aceitação. Pensei muito sobre o "valentão" e percebi o quão profundamente eu estava casado com ele. Não me "divorciei" dele, por assim dizer, mas estou muito mais consciente de sua presença e de minha confiança nele, depois de ter aprendido, por meio do seu trabalho, doutor, a forma como me organizo. Estou muito curioso sobre como ele poderia funcionar (como um criativo? Um ajudante dos outros?), uma vez que continuo a libertá-lo de suas obrigações como "o homem". Eu sei, é claro, que tenho muito trabalho a fazer ainda, e, sendo pai, me faz querer fazer isso.[2]

CAPÍTULO TRÊS

Isso Muda Tudo

No cristianismo, a definição de pecado é qualquer coisa que o desconecte de Deus e o tire do seu caminho. Fardos desconectam o *self* das partes e dão a elas impulsos extremos. Partes que carregam fardos não vivenciam o *self*, nem o escutam. Assim, quando as partes são libertadas dos fardos, elas não só se transformam imediatamente, mas também terão muito mais conexão e confiança no *self*, o que é o segundo objetivo do IFS.

Quando comecei a compreender isso, vi paralelos entre o mundo interno e o externo. Assim como as pessoas andam se sentindo desconectadas umas das outras e do que for que chamem de Deus (o que chamarei de *Self*) devido aos fardos (pecado) que carregam, as partes também vagam se sentindo desconectadas umas das outras e de nós. A libertação dos fardos não apenas permite que nos reconectemos internamente, mas também promove mais conexão entre si e o que deseja chamar de grande *Self*.

Ao fazermos esse tipo de cura, não estamos apenas nos ajudando a não ter sintomas, mas também estamos ligando alguns pontos. É como se houvesse um pedaço

> **É como se houvesse um pedaço de Deus — por falta de uma palavra melhor — em todos nós e, ao que parece, em todas as nossas partes.**

de Deus — por falta de uma palavra melhor — em todos nós e, ao que parece, em todas as nossas partes.

Depois de ter aplicado IFS em pessoas diagnosticadas com Transtorno Dissociativo de Personalidade, muitas vezes me vi falando com uma de suas partes em várias sessões. Ao fazer isso, a parte começava a falar sobre suas partes, e, finalmente, aprendi que a parte também tinha um *self*.

No início, foi surpreendente! As partes tendo partes? Mas depois que me acalmei, fazia uma espécie de sentido estético ou espiritual que tenhamos sistemas paralelos ou isomórficos (mesma forma) em todos os níveis. É similar àquelas bonecas russas [matrioskas] — sistemas semelhantes embutidos em sistemas maiores. Outra analogia seria os fractais ["objetos" geométricos com estruturas autossimilares em infinitas escalas, isto é, existem cópias exatas ou aproximadas do objeto inteiro em pedaços de tamanhos tão pequenos quanto se queira]. Apesar de ser desconcertante no início, há algo lindo sobre esse fenômeno de sistemas paralelos agrupados para mim, embora não saiba até onde isso vai. Na verdade, trabalhei com subpartes de uma parte e descobri que ela tinha partes também.

Como disse antes, comecei a ver as partes como seres sagrados. Elas têm seu próprio *self* e são dignas de amor e compaixão. De volta ao cristianismo, isso parece paralelo à ideia de que as pessoas são criadas à imagem de Deus e merecem o amor Dele. Se as pessoas podem se libertar de seus fardos, transformar sua natureza verdadeira e se sentir reconectadas a algo maior, por que não aconteceria o mesmo com as partes?

Por vários anos, fizemos treinamentos de IFS para o Reformed Theological Seminary, em Jackson, Mississípi, e todos os alunos eram cristãos evangélicos. Sabia que diria a eles que as pessoas eram essencialmente boas, e com isso eu esperava que argumentassem que as pessoas eram essencialmente más, e, de fato, tivemos esse debate. Eu perguntei: "A Bíblia não diz que o homem foi criado à imagem de Deus?" E eles responderam: "Sim, é verdade, mas há aquela pequena semente dentro de nós que está coberta pelo pecado original." Eu disse: "Bem, se pudermos traduzir pecado original como fardos, então estamos falando a mesma língua."

O professor deles, Bill Richardson, resumiu tudo lindamente. Ele disse: "Sabe, parece que sei o que está querendo. Está nos pedindo para fazer com o nosso interior o que Jesus fez com o mundo exterior." Ou seja, Jesus mostrou compaixão, carinho e cuidado aos excluídos do mundo externo e os curou — leprosos, pobres e marginalizados

Voltando a ligar os pontos, e se cada um de nós e cada uma de nossas partes contivesse uma parte do *Self* que anseia por se reconectar consigo mesmo? E se, ao ajudar as partes a libertar seus fardos e a confiar no nosso *self*, para que assim sintamos nossa conexão com outras pessoas, com o planeta e com o *Self*, estivermos servindo a esse projeto maior de reconexão divina? Acho que é o que o IFS oferece aos buscadores espirituais. Nossa iluminação é muito mais sustentada se todos estivermos envolvidos e não tratarmos o ego como uma parte ruim, que temos que deixar pelo caminho para alcançarmos essa iluminação. Nossas partes anseiam pela conexão com o nosso *self* — tanto quanto ansiamos por nos conectar ao Self.

Nossas partes anseiam pela conexão com o nosso *self* — tanto quanto nós ansiamos pela mesma conexão.

Quando as pessoas se dedicam a explorar internamente, chegam à mesma conclusão — esse *self* essencial é quem somos, verdadeiramente. Acho que é o que costumamos chamar de despertar ou esclarecimento, é a realização da corporificação do fato, e mudar a identificação com partes e fardos para se identificar com seu *self* tem profundas implicações.

O que estamos falando transcende qualquer religião em particular e não requer nem mesmo que se acredite em algo espiritual, apenas que se aceite que há essa bela essência em você e em todos, que pode ser acessada simplesmente abrindo-se espaço interior. Algumas meditações fazem isso esvaziando a mente, mas no IFS, em vez de lutar com as partes que não querem ser esvaziadas, pedimos amorosamente que abram espaço interior por alguns minutos e depois constatamos que o *self* emerge — imediata ou espontaneamente.

Novamente, é muita conversa até que você realmente vivencie por si mesmo, então mudaremos para alguns exercícios que foram elaborados para ajudá-lo a conhecer melhor suas partes e trazer mais do *self* para elas.

Exercício: Meditação do Dilema

Mais uma vez, convido-o a ficar à vontade e respirar profundamente. Agora, pense em um dilema em sua vida — qualquer um que esteja enfrentando ou que tenha enfrentado no passado. Escolha um assunto em que tenha vivenciado muitos conflitos.

À medida que se concentra nesse dilema, observe as partes de cada lado dele e perceba como lutam entre si. Depois, observe como se sente em relação a essa luta ou em relação a cada lado da batalha. Agora conheceremos cada uma dessas partes, uma de cada vez.

Para fazer isso, você pedirá para uma delas ir até a sala de espera. Isso criará um certo limite que permitirá que a parte com a qual está trabalhando relaxe um pouco. Então, conheça a que não está na sala de espera. E depois, observe o que está sentindo em relação a isso. Se for algo negativo, perguntaremos às partes associadas com esses sentimentos negativos para que as conheça por alguns minutos. Não daremos à parte atendida mais poder para assumir e obter o que quer; tentaremos apenas conhecê-la. Para fazer isso, a que está na sala de espera (ou qualquer uma das aliadas que está se fazendo conhecer) precisa retirar sua energia de você. Pode tranquilizá-la (isto é, a parte que está na sala de espera) que ela também terá um tempo com você, assim talvez isso a ajude a ser um pouco mais paciente.

Se *puder* chegar ao ponto de, pelo menos, se sentir curioso sobre a parte que não está na sala de espera, vá em frente e siga sua curiosidade e pergunte o que ela quer que você saiba sobre sua posição. Por que a parte mantém uma posição tão austera sobre essa questão? O que ela teme que poderia acontecer se a outra parte fosse dominante e vencesse a batalha? Ao ouvi-la, não precisa concordar ou discordar — deixe que a parte saiba que você a respeita, que se preocupa com ela, que a apoia e ouve. Veja como ela reage.

Nos minutos seguintes, quero que peça à parte com a qual está conversando para ir a uma sala de espera separada. Depois, deixe a outra sair, assim poderá, da mesma forma, conhecê-la.

E, novamente, está tentando ter o coração e a mente abertos enquanto ouve o lado dela. Você não precisa concordar com ela. Só quer verificar de onde a preocupação vem, por que está tão preocupada, o que teme que pode acontecer se o outro lado vencer, e assim por diante.

Depois de trabalhar com a segunda parte por um tempo, pergunte se ela gostaria de falar com a outra parte diretamente. Reassegure a ela que está ali para mediar e se certificar de que se respeitarão mutuamente. Tudo bem se a parte não quiser fazer isso. Se isso acontecer, não siga para a próxima etapa. Mas se ela estiver disposta, convide a outra parte para vir e se sentar com os dois.

Você será uma espécie de terapeuta conforme conversa com elas sobre o assunto. E, novamente, o seu papel não é escolher um lado — é apenas ajudá-las a se conhecerem de uma forma diferente e garantir que se respeitem enquanto conversam. Lembre-as de que as duas fazem parte de você, que têm isso em comum. Depois, observe como reagem ao se conhecerem dessa maneira diferente. Observe o que acontece com o dilema.

Em algum momento, faça uma pausa na discussão. Avise-as que pode se encontrar com elas mais regularmente dessa forma, e pergunte se estão dispostas a lhe dar sua opinião sobre dilemas no futuro, mas que depois confiem em você para a decisão final. Elas devem agir mais como conselheiras para você, em vez de ter a responsabilidade de tomar grandes decisões sozinhas. Veja como elas reagem a essa ideia. Como fizemos antes, pode ajudar lembrá-las sobre quem você é (em termos de idade etc.) e quem você não é.

Nos minutos seguintes, agradeça a elas por tudo o que fizeram e lembre-as de que tentará retornar. Depois comece a alterar sua concentração de volta ao mundo exterior.

Se suas partes cooperarem, é possível que descubra que elas, na verdade, não se conhecem. Isso acontece porque estão em papéis polarizados e têm visões extremas sobre quem a outra é. Vemos a mesma coisa acontecer em conflitos internacionais, assim como em países, empresas, famílias e casais. Quanto mais extremo fica um lado, mais o outro tem que se tornar extremo na outra direção. Esse processo acontece em todos os níveis dos sistemas humanos, particularmente quando não há uma boa liderança, e isso não é menos verdadeiro com os sistemas internos. A maioria de nós tem negligenciado nossos mundos internos e temos deixado essas crianças internas debater e tentar tomar essas grandes decisões, já que estamos ocupados aqui fora.

Provavelmente, uma só tentativa não é suficiente para deter a batalha, pois o risco para cada parte é muito alto, e a ideia de relaxar totalmente é um anátema para elas. Mas, pelo menos, elas se sentem um pouco mais conectadas a você e entre si. Essa é a espécie de nova liderança que sugiro que tente internamente. Na verdade, é a mesma abordagem que uso quando estou trabalhando com um casal. Escuto um, depois o outro, e, ao fazer isso, estabeleço uma conexão, então os dois confiam em mim. Depois coloco-os juntos, certifico-me de que se respeitarão e os faço conversar dessa forma diferente.

Fazer Contato

Até aqui, eu o guiei por dois exercícios diferentes elaborados para ajudá-lo a conhecer suas partes ou para que elas o conheçam. Talvez tudo tenha transcorrido sem problemas e você esteja se sentindo muito bem com isso, mas não seria incomum se não conseguisse fazer um ou todos os exercícios, ou se conseguisse fazer apenas partes deles. Muito tem a ver com o quanto suas partes estão prontas para deixá-lo invadir seu mundo; o quanto elas confiam em você e umas nas outras para abrirem espaço e se separarem. Assim, se não se afastarem, por exemplo, não significa que você tenha falhado. Significa simplesmente que levará mais tempo para fazê-las confiar em você e ajudá-las a conhecê-lo melhor.

Se conseguiu fazer os exercícios, significa simplesmente que, por alguma razão, suas partes tiveram um pouco de confiança em você e estão dispostas a abrir espaço. Isso não é verdade para todo mundo. Infelizmente, alguns tiveram muitas experiências terríveis na vida, mas isso apenas significa que pode levar um pouco mais de tempo para que as partes acreditem que esse tipo de diálogo será útil.

Neste ponto, você pode ter experiências estranhas durante os exercícios — talvez fique inusitadamente sonolento, comece a pensar em outras coisas que tem que fazer, ou sinta dor de cabeça. Nada disso é incomum. Quando partes protetoras não estão prontas, acham que devem distraí-lo ou tirá-lo de cena de alguma forma para que fique mais difícil fazer o exercício. Não lute com elas. Meu conselho é: conheça as resistentes desse lugar estranho — descubra do que elas têm medo e respeite seus temores.

Exercício: Trabalhando com uma Protetora Desafiadora

Este exercício pode ser desafiador, principalmente se você é novo no trabalho com o IFS. Se for o caso, apenas faça o melhor para conhecer as partes que não estão prontas ainda.

Pare um segundo e fique confortável, preparando-se como se fosse meditar. Pense na parte que realmente o incomoda ou fica em seu caminho quando sente muita vergonha ou tem medo. Pare um segundo e pense em uma delas. O que está procurando é mais uma parte protetora do que uma parte realmente vulnerável. Algumas pessoas imediatamente concentram-se em seus críticos internos para este exercício, então, se tiver dificuldades para encontrar alguma delas, isso normalmente resolverá o problema.

À medida que se concentra na parte, perceba onde a encontra em seu corpo ou ao redor dele, e, enquanto se concentra nesse lugar, perceba como se sente em relação a essa parte. Por causa do que está procurando, provavelmente terá sentimentos tensos em relação a ela.

Coloque essa parte em uma sala fechada. Isso ajudará as outras partes a se desarmarem e a se sentirem um pouco mais seguras. Faça um quarto confortável, mas do qual ela não possa sair e que você possa olhar através da janela. E fale para todas as outras partes que têm problemas com ela que, durante o exercício, ela permanecerá contida ali. Depois, peça a elas que relaxem um pouco para que você possa chegar ao ponto de interesse sobre a parte no quarto — veja se elas estão dispostas a fazer isso.

Se elas não estiverem dispostas a se separar, tudo certo. Você pode passar o resto do tempo apenas conhecendo-as, assim como seus medos e os problemas que elas têm com a parte contida. Se chegar ao ponto de interesse ou qualquer espécie de receptividade em relação à parte que está no quarto, fale e veja o que ela quer que você saiba enquanto permanece contida. Veja se consegue se comunicar pela janela. O que ela quer que você saiba sobre si mesma? O que teme que aconteça se deixar de desempenhar seu papel?

Se ela responder a essa pergunta, então veja se é possível manifestar alguma gratidão, pelo menos pela tentativa de protegê-lo, veja quantos anos ela acha que você tem. Se acha que é diferente da sua idade atual, siga em frente e a atualize. Veja como reage.

Agora, faça a essa parte uma versão qualquer da seguinte pergunta: "Se você pudesse mudar ou curar o que está protegendo para que isso não fosse mais um problema, ficasse livre da responsabilidade de proteger e pudesse fazer outra coisa, o que gostaria de fazer?". Ou seja, se a parte for totalmente libertada de seu papel, o que ela escolheria fazer? Depois que ela responder, pergunte do que ela precisa de você no futuro.

Depois, verifique com suas outras partes antes de interrompermos. Veja como elas reagem ao presenciar a conversa que você teve com a parte protetora.

Quando chegar a hora certa, sugiro que encerre internamente, agradecendo suas partes por tudo que elas deixaram acontecer, e fale para elas que essa não será sua última visita. Respire fundo novamente (se isso ajudar) e desvie seu foco de volta para o exterior.

Há alguns anos, fui convidado para fazer uma breve apresentação ao Dalai Lama em uma conferência chamada Mind & Life Europe. Falei para ele sobre qual tem sido a minha abordagem e lhe fiz uma pergunta: "Sua Santidade, o senhor nos pede para ter compaixão pelas pessoas que são nossas inimigas, ou pelo menos para pensar nelas com compaixão. Como seria se nós fizéssemos isso também com nossos inimigos internos?" É esse o objetivo desse exercício — ajudá-lo a encontrar seus inimigos internos. Ter compaixão por eles pode ser difícil no início, mas, de preferência, começamos com a mente aberta e, verdadeiramente, tentamos conhecê-los.

Não sei se aconteceu com você, mas se continuar e fizer perguntas não ameaçadoras, os inimigos internos revelarão suas histórias secretas de como foram forçados a entrar nesses papéis e o que estão protegendo e como. Em muitos casos, eles foram verdadeiros heróis. Como Henry Wadsworth Longfellow escreveu: "Se pudéssemos ler a história secreta de nossos inimigos, veríamos na vida de cada um tristeza e sofrimento o suficiente para desarmar toda hostilidade."[1]

Vamos até nosso inimigo interno e ouvimos suas histórias secretas, e, inevitavelmente, isso dissolve toda a hostilidade das outras partes que não gostavam dele. Isso é muito bom para os inimigos internos. Eles são partes boas forçadas a desempenhar papéis de que não gostam, que não merecem e que estão ansiosas por deixar, mas não acham que seja seguro o bastante fazer isso. Parte do motivo de não acharem seguro é porque não confiam em você como líder. Sua vinda até eles dessa maneira ajuda a criar essa confiança.

Elas são partes boas forçadas a desempenhar papéis de que não gostam.

Mais uma coisa: você pode descobrir, enquanto faz esse trabalho, que as coisas começam a mudar tanto em sua vida interior quanto exterior. Conforme adota esse paradigma diferente, é difícil olhar para as pessoas da mesma forma, o que significa que você começa a se relacionar com elas de forma diferente. Algumas pessoas podem ter dificuldades com essas mudanças que você sofrerá, mas outras certamente as acharão bem-vindas.

CAPÍTULO QUATRO

Mais dos Sistemas

Você pode ter notado, conforme prosseguimos no livro, que estamos nos concentrando menos em cada parte individual e mais na relação entre elas. Sinto-me abençoado pelo momento em que, pela primeira vez, encontrei as partes em meus pacientes. Estava mergulhado no que chamamos de *pensamentos sistêmicos*, e isso me ajudou a ouvi-las melhor, em vez de ficar sobrecarregado com a complexidade. Pude me concentrar nos padrões recorrentes de interação e dar sentido a eles. Por exemplo, vi rapidamente como e quando a parte crítica de uma paciente bulímica começou a criticá-la e desencadeou outra que se sentia desprezada, imatura, sozinha e vazia. Então, conforme essa fazia minha paciente sentir essas sensações, para resgatá-la, a compulsão alimentar surgiu e a levou embora. Após a compulsão, no entanto, a crítica retornou com uma vingança, agora atacando pela ingestão exagerada. Isso, é claro, ativou a parte imatura de novo, e minha paciente foi pega, mais uma vez, nesse ciclo terrível.

Neste capítulo, apresentarei algumas ideias básicas do pensamento sistêmico, que se aplicam ao mundo interno. As informações ajudarão seu trabalho interior enormemente, e aproveitarei um pouco desse material no restante do livro.

O Crescimento do Pensamento Sistêmico

O pensamento sistêmico foi originalmente desenvolvido por biólogos europeus na década de 1920, que descobriram que o método de estudo da biologia celular de aprender as leis da física para cada célula — ou seja, usando a abordagem reducionista-mecanicista tradicional — era inadequado para a compreensão de como as células se relacionavam umas com as outras para formar organismos vivos. Descobriram que o comportamento de todo o sistema não podia ser compreendido a partir do estudo de cada parte isoladamente, ou seja, fora do contexto de todo o sistema. Por isso, o famoso ditado "o todo é maior do que a soma das partes".[1]

A visão dos sistemas espalhou-se rapidamente para outras áreas e deu origem à ciência da ecologia (que estuda as comunidades de animais e plantas) e à cibernética (que introduziu conceitos como círculos viciosos, autorregulação e homeostase). Essa mudança na forma de estudar a constituição dos objetos isoladamente, para concentrar-se em como estão integrados em redes ou padrões que podem ser mapeados, não é fácil para nós porque fomos criados em um paradigma mais mecanicista e reducionista. O desenho que pedi que criasse no exercício Mapeando Suas Partes é uma forma de mapear um sistema.

Em 1976, quando me deparei pela primeira vez com o pensamento sistêmico, fiquei entusiasmado ao encontrar uma abordagem alternativa à vida, que respondia as muitas questões que eu tinha sobre as falhas que percebia na psiquiatria. A leitura de Gregory Bateson e outros teóricos sistêmicos produziu uma epifania que fez com que me tornasse terapeuta familiar e, mais tarde, desenvolvesse o IFS. A grande percepção foi oferecer diagnóstico psiquiátrico para uma pessoa com perturbações e ver que a única ou as principais causas de seus sintomas eram desnecessariamente limitantes, patologizantes e poderiam se tornar autorreforçadas.

Quando você fala a uma pessoa que ela está doente e ignora o contexto amplo no qual seus sintomas fazem sentido, não só perde pontos de alavancagem que levariam à transformação, mas também gera um paciente passivo que se sente desajustado. Felizmente, mais pessoas na área estão começando a ver o diagnóstico psiquiátrico como inútil e não científico.[2]

Contexto é Tudo

Os pensamentos sistêmicos se concentram nas maneiras como os membros de um sistema se relacionam entre si. Frequentemente, quando abordamos os sintomas dessa forma, descobrimos que são manifestações de problemas na estrutura (padrões de relacionamento) dos sistemas nos quais a pessoa está inserida (família, comunidade, trabalho, país etc.), assim como o sistema está inserido dentro dela (ou seja, sua família interna). Como terapeuta familiar, aprendi que compreender e melhorar uma estrutura familiar é muito mais eficaz e duradouro para ajudar uma criança a acabar um mal comportamento do que simplesmente diagnosticá-la ou tratá-la sem considerar seu contexto familiar.

Também descobri que essas estruturas familiares eram quase sempre mantidas por crenças ou emoções extremas, não necessariamente evidentes, mas constantemente sentidas. Por exemplo, algumas das famílias de pacientes bulímicos acreditavam que o conflito era perigoso, e os pais ficavam assustados sempre que ele surgia. Muitas vezes, houve também desdém geral pela carência ou pela vulnerabilidade e a crença de que a família precisava apresentar uma imagem perfeita para o mundo externo. Qualquer que fosse o conjunto de crenças e emoções, tornou-se um paradigma familiar que organizava a forma como os membros se relacionavam entre si — mostrando desprezo quando o paciente estava magoado, zangado ou queria atenção, por exemplo.

Os sistemas maiores não são diferentes. As estruturas de corporações e países normalmente permanecerão as mesmas, apesar de suas disfunções e de seus sintomas, a menos que experimentem uma mudança em suas crenças básicas — seus sistemas operacionais paradigmáticos. Nos Estados Unidos, preferimos rearranjar as cadeiras do deck (políticas de imigração, ambientais, tributárias etc.) no nosso Titanic nacional a reavaliar as crenças implícitas (por exemplo, crescimento ilimitado) que nos impulsionam.

Visões Negativas (e Equivocadas) da Natureza Humana

As crenças mais poderosas que governam uma sociedade incluem as crenças sobre a natureza humana e a forma como o mundo funciona. Muitas vezes, essas são incontestadas e não declaradas, pois são assumidas como realidade — exatamente como as coisas são. Como afirma Donella Meadows: "Crescimento é bom. A natureza é uma reserva de recursos a ser convertida para os propósitos humanos. A evolução parou com o surgimento do *Homo sapiens*. Pode-se 'possuir' terras. Essas são algumas das suposições paradigmáticas de nossa cultura atual, as quais deixaram outras culturas completamente perplexas, pois não as achavam nem um pouco óbvias."[3]

A maioria das regras e dos objetivos de uma sociedade decorre de suas suposições sobre se as pessoas são essencialmente boas ou más, competitivas ou colaborativas, confiáveis ou egoístas, isoladas ou interconectadas, desesperadas ou recuperáveis, inferiores ou superiores. Todos esses aspectos afetam os membros de uma determinada sociedade.

Talvez você esteja familiarizado com o efeito placebo, mas o oposto (chamado de *efeito nocebo*) é igualmente real e poderoso. Por exemplo, se acreditar que uma pílula de açúcar o deixará doente, provavelmente ficará doente. Aplicado às relações humanas, há ampla evidência de que nossas expectativas negativas em relação aos outros têm forte impacto negativo sobre comportamentos ou desempenhos.[4] Isso pode facilmente dar início a círculos viciosos de reforço, que transformam expectativas negativas em profecias autorrealizáveis e reforçam ainda mais as visões negativas, e assim por diante. Essa é uma das razões pelas quais o racismo é tão pernicioso.

Como foi apresentado na introdução, a visão da humanidade que dominou o ocidente predomina em direção ao pessimismo. Para justificar a escravidão, brancos europeus começaram a se diferenciar de outras culturas menos "civilizadas"; todos podemos lutar contra impulsos primitivos, mas, de acordo com esse paradigma, algumas pessoas (em geral, as de pele mais escura) não tinham capacidade de controlar suas partes bestiais irracionais. Essa teoria do verniz de controle do primitivo pode ser aplicada não apenas aos impulsos, mas também às pessoas. Um dos temas deste livro é como o modo pelo qual nos relacionamos e pensamos sobre os habitantes de nossos mundos interiores se traduz diretamente em como pensamos e nos relacionamos com as pessoas. Se vivemos temerosos e nos esforçarmos para controlar certas partes de nós, faremos o mesmo com pessoas que se assemelham a essas partes.

A teoria do verniz sugere que a civilização forma a camada protetora necessária para conter e esconder todos os nossos instintos primitivos, que estão constantemente querendo rompê-la. O historiador Rutger Bregman afirma que, ao contrário da teoria do verniz, as pessoas são essencialmente boas. Ele desmascara a pesquisa de pensadores notáveis como Richard Dawkins, Philip Zimbardo e Stanley Milgram — todos têm uma visão pessimista (e altamente influente) sobre as pessoas. Quando Bregman observou uma segunda vez métodos e dados desses estudos famosos, encontrou distorções e falsificações para desacreditá-los completamente.

O argumento de Bregman é o de que organizamos todas as instituições com base nessa visão egoísta das pessoas e que, se percebêssemos que ela não é verdadeira, tudo mudaria. Uma vez que mudamos os paradigmas para o conhecimento de que, em sua essência, todos são dignos e gentis, podemos reorganizar nossos sistemas econômico, escolar e prisional. Ele apresenta muitos exemplos de instituições e programas bem-sucedidos baseados na visão positiva da natureza humana — o sistema prisional da Noruega, por exemplo, que tem a menor taxa de reincidência do mundo. Em contraste com as prisões norte-americanas, os guardas da Noruega são ensinados a fazer amizade com os presos e a ajudá-los a se preparar para a vida normal. Enquanto isso, o número de pessoas encarceradas nos Estados Unidos cresceu mais de 500% desde 1972, a ponto de o país manter em prisões quase um quarto dos prisioneiros de todo o mundo. Falando de racismo, quase 60% desses presos são afrodescendentes ou latinos.[5]

Claramente, nossa abordagem baseada na teoria do verniz de controle e contenção não está funcionando. E se for verdade que não há partes ruins, apenas partes com fardos paralisadas no passado, que precisam ser libertadas deles, em vez de punidas? E se, em sua essência, todas fossem o *self* que poderia ser acessado rapidamente? Como o mundo seria diferente?

Por que a Visão Negativa Não Funciona

Entrar em guerra (coagir, punir severamente ou envergonhar, por exemplo) contra qualquer problema social põe em movimento os círculos viciosos de reforço, que têm potencial de destruir o sistema, porque se intensificam com o tempo e drenam os próprios recursos do sistema.

Isso também é verdade no mundo interior. Entrar em guerra contra as partes protetoras só as torna mais fortes. Escutá-las e amá-las, no entanto, as ajuda a se curar e transformar. O desafio aqui é que somos dominados — individual e coletivamente — pelas partes austeras e punitivas, que acreditam que as pessoas (e suas partes) são, essencialmente, ruins e precisam ser combatidas. Se acreditar que dentro de você há impulsos perigosos, bestiais ou pecaminosos que precisam ser constantemente monitorados, controlados e, se necessário, combatidos (a teoria do verniz adotada no mundo exterior), então faz sentido que você veja as pessoas dessa forma, e sua abordagem dos problemas sociais envolverá, invariavelmente, táticas de controle e guerra.

Diversas vezes temos visto como os líderes de um país demonizam um povo para justificar uma guerra. Como Charles Eisenstein afirma: "Há muitas batalhas, cruzadas, campanhas, muitos chamados para dominar o inimigo pela força... É assim que a devastação interna da psique ocidental corresponde à devastação externa que causou ao planeta."[6]

Eu desenvolvi o IFS enquanto trabalhava com pacientes que sofrem de transtornos alimentares, e a abordagem mais comum para tratar essas pessoas permanece concentrada em "derrotar" seus distúrbios (com resultados esperados). Nossa guerra cultural contra as drogas também tem sido um desastre absoluto, com enormes consequências em todo o mundo. Precisamos de uma nova abordagem, não mais baseada em tentar matar o mensageiro, mas, em vez disso, ouvir a mensagem — não entrar mais em guerra contra a natureza ou contra a natureza humana.

Essa perspectiva — de que as pessoas têm uma natureza pecaminosa, agressiva, egoísta, impulsiva e que deve ser controlada por mentes racionais (ou com a ajuda de Deus) — também leva a um profundo sentimento de desconexão das outras pessoas e de desprezo por si mesmo. Se todos estão em busca de si mesmo, então você deve estar também. Precisa se proteger. Não deveria ser tão aberto ou ingênuo. Precisa se cuidar. O problema é que essa abordagem não funciona. Só o faz se sentir sozinho, envergonhado e com medo — sentimentos que acha que deve esconder por medo de ser rejeitado. Quando acredita que é uma alma isolada, egoísta e pecadora, entre outras miseráveis como você, é difícil não se sentir sozinho, mesmo quando se está com outras pessoas. Quando está sozinho com seu eu patético, sente-se ainda mais rejeitado e inútil, e, consequentemente, é provável que se isole ainda mais.

E se, em vez disso, você soubesse que sua solidão foi mantida por outra parte de você? E se identificasse seu *self*, em vez das partes exiladas? E se visse o *self* de todos ao seu redor?

Círculos Viciosos de Reforço

Mencionei os fardos legados no Capítulo Um. Existem quatro, em particular — racismo, patriarcado, individualismo e materialismo — que dominaram a mentalidade dos EUA desde que os fundadores os trouxeram da Europa. Cada um desses fardos legados se combina com outros para criar a sensação generalizada de que estamos todos desconectados e sozinhos em nosso próprio mundo cão. Por sua vez, eles criam o que os teóricos de sistemas chamam de *círculo vicioso de reforço*. A noção de divisão competitiva (e a crença de que qualquer um com força de vontade o suficiente pode consegui-la) leva as pessoas a exilar e a desprezar os que não conseguem fazer isso tão bem quanto elas. Por sua vez, isso cria ainda mais divisão e medo para sobrevivência no sistema, o que leva a mais exclusões, e assim por diante.

Um círculo vicioso de reforço que é comum a todos os tipos de sistemas é chamado de *sucesso para o bem-sucedido*. Quando aplicado à divisão de riqueza nos EUA, descobrimos que aqueles com mais privilégios, capital acumulado, informações privilegiadas, acesso especial e influência são capazes de criar mais privilégio, capital, acesso e informações. Por outro lado, os que não têm essas vantagens tornam-se exilados, e como tal, eles e seus filhos recebem pior educação, têm dificuldades em conseguir empréstimos com taxas de juros razoáveis, estão sujeitos à prática de exclusão de clientes por não aceitação de riscos e são discriminados por sua raça ou por sua classe social. Além disso, suas vozes raramente são ouvidas por políticos, que estão mais preocupados com os membros influentes da sociedade, ou seja, os ricos. Infelizmente, como Meadows adverte: "Um sistema com um círculo vicioso de reforço sem controle acabará se autodestruindo."[7]

No entanto, há outro tipo importante de círculo vicioso em todos os sistemas vivos, necessário para a sobrevivência deles. Os organismos precisam manter a homeostase (estabilidade) em vários processos vitais. Para os humanos, isso inclui a temperatura corporal, níveis de açúcar no sangue, níveis de oxigênio, pressão sanguínea etc. Quando qualquer uma dessas variáveis fica fora da faixa saudável, receptores são ativados, desencadeando um processo vicioso que traz a variável de volta à faixa. Diferentemente do círculo vicioso de reforço, que resulta em agravamento de variáveis, o que restaura a homeostase é o chamado *ciclo de equilíbrio* ou *de estabilidade*. Por exemplo, se o nível de açúcar fica muito alto, seu pâncreas é avisado para produzir mais insulina até que o nível de açúcar retorne ao valor saudável.

Se pensarmos na Terra como um sistema ou um ser vivo — como Gaia — então a pandemia da Covid-19 pode ser vista como parte de um ciclo de estabilidade de retorno. Em 99% da história, a espécie humana não foi uma ameaça grave à saúde do planeta. A partir da Revolução Industrial, a população mundial — e sua capacidade de explorar os recursos do planeta — explodiu. Desde o final da década de 1880, temos percorrido diferentes círculos viciosos de reforço, e como eles melhoraram a vida da maioria das pessoas de forma tangível, passamos a acreditar no mito da marcha do progresso. Infelizmente, a marcha não tem sido tão progressiva para o resto do planeta.

Perdemos nossa capacidade de sentir a Terra visceralmente.

Por meio de nossas atitudes e comportamentos extrativos, de exclusão e de desconexão, perdemos nossa capacidade de sentir a Terra visceralmente. Nossos receptores estão entorpecidos às mensagens que ela vem nos enviando há décadas, dizendo repetidamente que não está feliz, nem saudável. Não que ela não nos tem informado — tem havido muitos sinais. É que as partes de esforço e as opressoras que vieram dominar a maioria de nós têm se concentrado muito em ganho material e financeiro para dar atenção a esses sinais. Paramos de nos preocupar com a Terra e, em vez disso, a vemos como um conjunto de recursos para ser usado do jeito que quisermos. Mas há consequências.

Isso nos leva de volta à pandemia. Como um grupo de especialistas em biodiversidade observa: "O desmatamento desenfreado, a expansão descontrolada da agricultura, da agropecuária e da mineração intensivas e o desenvolvimento de infraestrutura, assim como a exploração de espécies selvagens, criaram uma 'verdadeira tempestade' para o alastramento de doenças da vida selvagem para as pessoas." Estima-se que 1,7 milhão de vírus não identificados, e conhecidos por infectar pessoas, existam em mamíferos e aves aquáticas. Qualquer um deles pode ser mais prejudicial e letal do que a Covid-19. Isso sugere que um passo inicial seria os países reconhecerem as interconexões complexas entre a saúde das pessoas, dos animais, das plantas e do nosso meio ambiente compartilhado. Além disso, precisamos apoiar os sistemas de saúde de países vulneráveis, onde os recursos são reduzidos e subfinanciados.[8] Em outras palavras, estão pedindo aos líderes dos países que se transformem em pensadores sistêmicos.

Talvez as crises climáticas e o vírus sejam mecanismos integrados do ciclo de estabilidade que entram em ação sempre que nossa espécie ultrapassa a faixa homeostática do planeta. Essa conjectura pode parecer meio insensível, e eu certamente não quero diminuir a quantidade inacreditável de sofrimento e de morte que a pandemia tem causado em todo mundo até hoje. Minha principal intenção aqui é fazer um apelo para que aprendamos rapidamente as lições dessa crise para podermos acabar com ela o mais rápido possível e evitar desastres piores no futuro.

Se nossa espécie puder, finalmente, compreender a mensagem e mudar valores e prioridades, talvez possamos evitar um ciclo de estabilidade de retorno pior da Mãe Terra. Talvez possamos começar a ouvi-la e respeitá-la de novo. Mas não conseguiremos fazer isso sem uma mudança dramática de paradigma. Nosso destino não está em nossas próprias mãos: está em nossa mente.

Tudo Está Conectado

Como Eisenstein recomenda, temos que descartar a "História da Separação" e adotar a "História do Interser".[9] Precisamos de líderes com pensamentos sistêmicos, que lembrem a todos de que estamos nisso juntos.

Costumo pedir aos pacientes que reúnam suas partes polarizadas para conversar diretamente uma com a outra. A primeira pergunta que peço para o paciente fazer é se elas têm algo em comum. As partes frequentemente ficam chocadas em saber que compartilham o desejo de manter a pessoa segura, mas suas ideias de como fazer isso são totalmente diferentes. Com a percepção de que estão interconectadas, comprometem-se a trabalhar melhor juntas para o bem-estar do sistema maior (o paciente), que todas habitam. Da mesma forma, ajudar pessoas — em famílias, empresas, países e internacionalmente — a perceber sua conexão faz surgir o *self* em cada um desses níveis, e ele sempre traz a cura. Meadows nos lembra de como estamos todos conectados: "Nenhuma parte da humanidade está separada, nem de outros seres humanos, nem do ecossistema global."[10]

Precisamos de líderes com pensamentos sistêmicos, que lembrem a todos de que estamos nisso juntos.

Se o clima do planeta entrar em colapso, todos sofrerão — até os ricos. Se os trabalhadores de uma empresa estiverem sobrecarregados, a empresa fracassará e os proprietários irão à falência. Se você for dominado por seu cérebro e negligenciar o resto do seu corpo, ficará doente e seu cérebro afundará junto com o navio. Ter uma enorme população pobre drena a maioria dos recursos do país ou cria uma violenta convulsão social. Se exilar suas partes vulneráveis, elas o destruirão.

A Mudança

Atualmente, vemos nossos semelhantes, e a nós mesmos, como fundamentalmente egoístas e desajustados, o que resulta em sistemas sociais e econômicos implacáveis, de cobra comendo cobra. E como abordamos nossos problemas fora de contexto (ou seja, não sistemicamente), nossas tentativas de soluções para eles com frequência deixam a situação pior — prejudicando o planeta e criando pessoas exiladas. O exílio é tóxico para qualquer sistema. Rompe nossa conexão uns com os outros, com nosso próprio corpo, com a Terra e com o divino.

Nosso mundo interior é também poluído por esse paradigma. Nosso conjunto de partes acaba refletindo o sistema externo — com muitas exiladas, muitas protetoras que as desprezam e com nossos fardos como princípio organizador fundamental de nosso sistema interno, em oposição ao nosso *self*. Claramente, essa forma de estarmos conosco e com o mundo não é sustentável. Eis aqui o paradigma alternativo que proponho:

Dentro de cada um de nós há uma essência inteligente e compassiva de bondade que sabe como se relacionar harmoniosamente. Além disso, não somos uma mente confusa, mas um sistema interno de partes. Certamente, essas partes, às vezes, podem ser perturbadas ou prejudiciais, mas retornam para a bondade essencial quando libertadas de seus fardos. E como isso é verdade, cada um de nós tem um caminho claro à frente para acessar e guiar nossa vida — internas ou externas — a partir dessa essência. Ao fazer isso, percebemos a verdade básica da interconexão em todos os níveis, e o resultado natural dessa percepção é a compaixão e a ação corajosa.

Sei que parece muito, mas fazer essa mudança de paradigma não requer, na verdade, enorme sofrimento ou sacrifícios. Pode ser doloroso recuperar partes de si mesmo que abandonou, mas o esforço vale muito a pena. Eis aqui uma amostra do que você pode ganhar: mais amor para si e para os outros, mais acesso à alegria e ao prazer interior (assim como às grandes dores e tristezas), às atividades e aos hábitos mais significativos com sensação de realização.

Exercício: Meditação Diária do IFS

Eis aqui uma meditação que eu e outros especialistas do IFS usamos para estimular a mudança de paradigma dentro de nós. Eu o convido a praticar uma versão dela no seu dia a dia.

Comece ficando em uma posição confortável. Se ajudar, respire fundo para ajudá-lo a ir para dentro de si. Se já tentou fazer os exercícios anteriores do livro, espero que agora já tenha conhecido algumas de suas partes. Quero convidá-lo a se concentrar naquelas que conheceu primeiro. O objetivo é apenas verificar como elas estão se saindo agora, se precisam de algo, se há mais alguma coisa que queiram contar. Isso tudo faz parte da construção de uma relação contínua com suas partes, assim elas se sentirão mais conectadas a você e menos sozinhas e isoladas.

Em algum momento, lembre-as de que as apoia, que se preocupa com elas, e diga-lhes um pouco mais a seu respeito, porque, mesmo trabalhando com elas, quase sempre elas se esquecem dessas informações até que sejam libertadas de seus fardos. E não custa nada lembrá-las de que não estão mais sozinhas, de que você não é mais uma criança e de que pode cuidar delas da forma que precisam.

O objetivo é levar suas partes tão a sério quanto você faz com seus filhos, se os tiver. A boa notícia é que suas partes não precisam de tanto suporte ou educação — normalmente, só precisam saber dessa conexão que você está construindo, ser lembradas.

Então, em algum momento, você pode expandir sua área de atuação e convidar qualquer outra parte que precise de atenção para vir até você. Em dias diferentes, partes diferentes surgirão. Basta que se conheçam mutuamente, que entenda se elas precisam de algo e que elas saibam que não estão mais sozinhas.

Em seguida, a próxima etapa é opcional em cada meditação: se desejar, pode revisitar cada uma dessas partes, convidando-as a relaxar em um espaço aberto por alguns minutos e pedir que confiem que é seguro deixá-lo mais com seu corpo. Tende-se a tornar mais difícil que a energia delas se corporifique quando estão ativadas. Se estiverem dispostas, você observará uma mudança toda vez que elas relaxarem — sentirá mais espaço dentro de sua mente e de seu corpo. Lembre-as de que é só por alguns minutos, apenas um experimento para ver o que acontece se elas o deixarem ficar mais em seu interior. Elas não precisam aceitar essa condição se não quiserem. Nesse caso, você pode simplesmente conhecê-las mais um pouco. Mas se elas estiverem dispostas, perceba os atributos desse aumento de espaço e corporeidade. Observe como é estar mais em seu corpo com mais espaço.

Você notará mudança em sua respiração ou em sua capacidade de estar presente. Pode sentir seus músculos relaxarem e uma sensação de bem-estar, como se tudo estivesse bem. E, como informei anteriormente, talvez note também uma energia correndo em seu corpo, fazendo suas extremidades tremerem ou formigarem um pouco. Sou muito auditivo, então consigo notar uma mudança no meu tom de voz enquanto estou nesse estado. Também aprecio a paz que surge com a ausência de uma programação estressante.

Se suas partes estão com muita dificuldade em relaxar, isso apenas significa que elas precisam de mais um pouco de atenção em algum momento. Portanto, fale para elas que as compreende, que não existe pressão alguma para fazerem qualquer coisa. Quando achar que é a hora certa, pode começar a mudar seu foco de volta ao exterior. Agradeça pelo que elas te disseram e lembre-as de que farão mais desse exercício no futuro. Respire fundo algumas vezes, se isso ajudá-lo a sair.

Ao longo do meu dia, muitas vezes faço uma pausa e observo o quanto estou nesse estado. Quando não estou, significa que há alguma parte que está no controle ou, pelo menos, que está mais ativa, então eu rapidamente encontro essa parte e a lembro de que é seguro confiar em mim, que pode relaxar um pouco e abrir mais espaço. Demora um pouco, mas em quase todas as situações, agora, minhas partes fazem isso muito rapidamente, e posso sentir minha energia de novo, o aumento de espaço, e posso me relacionar com as pessoas a partir dali.

Isso se torna uma prática diária. Além de observar as partes e ajudá-las a confiar que é seguro abrir mais espaço, normalmente é necessário trabalhar ativamente com elas e fazer algum processo de cura, pois enquanto seu sistema for vulnerável, será difícil para elas confiar em você. Assim, junto com essa meditação, eu e outros especialistas do IFS fazemos ativamente sessões de libertação dos fardos das partes.

CAPÍTULO CINCO

Mapeando Nossos Sistemas Internos

Agora que você já conhece várias práticas e compreende mais sobre os sistemas e a mudança de paradigma que procuramos aqui, quero que conheça algumas formas pelas quais as partes se organizam e se relacionam entre si. Já apresentei a principal distinção entre exiladas e protetoras. Veremos um pouco mais sobre como são essas partes.

Exiladas

Começaremos com as exiladas. Geralmente, são as mais novas e chamadas de crianças interiores em nossa cultura. Antes de sofrermos algum mal, eram as partes encantadoras, divertidas, criativas, confiantes, inocentes e abertas de nós e que amamos estar perto. Também são as partes mais sensíveis, então, quando alguém nos magoa, trai, envergonha ou assusta, são as partes que mais se apropriam das crenças e das emoções extremas (fardos) desses eventos.

Após o trauma ou o abandono, os fardos que essas partes absorvem as deslocam de seus estados alegres e divertidos para crianças cronicamente ressentidas interiormente, que ficam paralisadas no passado e têm a capacidade de nos sobrecarregar com fardos e nos puxar de volta para essas situações assustadoras. Elas passam do sentimento "eu sou amado" para o "eu não tenho valor" e "ninguém me ama". E quando elas se misturam conosco, essa crença se torna nosso paradigma e sentimos todas as emoções contidas nos fardos. É uma sensação insuportável, vivenciar novamente essas emoções e acreditar nelas, e, com frequência, esses fardos prejudicam nossa capacidade de ser funcional no mundo. Tive pacientes que, quando suas exiladas assumiam o controle, não conseguiam sair da cama por uma semana.

Esses fardos prejudicam nossa capacidade de ser funcional no mundo.

É por isso que tentamos ao máximo bloquear essas partes, achando que simplesmente estamos nos afastando de lembranças, sensações e emoções ruins — não percebemos que estamos nos desligando de nossos recursos mais preciosos apenas porque elas foram magoadas. Isso porque estamos imbuídos com o paradigma da mente única que não permite a ideia de partes feridas que podem ser curadas, sem mencionar nosso robusto individualismo ocidental, que diz que, quando nos magoamos, a melhor atitude é se erguer e seguir em frente.

De fato, é provável que, depois de serem magoadas, as pessoas ao seu redor lhe deem alguma versão desse conselho: "Deixe isso para lá", por exemplo, ou "Pare de ser tão sensível". Para essas partes jovens, isso apenas adiciona insultos às mágoas. Estas surgiram em um evento, e depois você as insulta, abandonando e aprisionando-as. Como consequência, muitas vezes, ficam tão desesperadas para serem assistidas, que tentarão o máximo que puderem para sair do exílio na primeira oportunidade — quando estivermos cansados, sem receber os elogios que as tranquilizam, ou quando somos feridos ou envergonhados de forma semelhante ao evento original.

Essa é uma tragédia desnecessária. Essas crianças encantadoras internas são magoadas e depois abandonadas, e não temos mais acesso aos seus atributos maravilhosos. Em vez disso, presumimos que isso faz parte de se tornar adulto, não sentir mais alegria, fascínio e amor intensos.

Mesmo quando são exiladas, seus fardos podem exercer um efeito inconsciente sobre nossa autoestima, na escolha de um parceiro íntimo, em nossa carreira, e assim por diante. Eles estão por trás de reações exageradas que parecem misteriosas para nós e que nos deixam perplexos quanto o porquê de certas pequenas coisas nos atingirem tão duramente.

É muito difícil crescer nos EUA sem acumular muitas partes exiladas. Quando criança, você quase certamente foi magoado, humilhado ou assustado inúmeras vezes por sua família ou seus colegas, e depois eles esperavam friamente que você seguisse em frente. Os sobreviventes de abusos inevitavelmente têm muitas exiladas.

Além das nossas partes vulneráveis que foram magoadas e depois exiladas, há outras partes vibrantes e protetoras que não se encaixam em nossas famílias, ou talvez assustem as pessoas ao nosso redor. Elas se tornam o que eu chamo de *protetoras-no-exílio*. Robert Bly, eloquentemente, escreve sobre essas partes:

Uma criança correndo é um globo vivo de energia. Tínhamos uma bola de energia, sem dúvida; mas um dia, percebemos que nossos pais não gostavam de certas partes dessa bola. Eles diziam coisas como: "Você não pode ficar quieto?" ou "Não é legal tentar matar seu irmão". Atrás de nós, temos uma sacola invisível, e as partes de que nossos pais não gostam, nós, para mantermos o amor deles, as colocamos na sacola. Quando entramos na escola, a sacola já está bem cheia. Então nossos professores dizem assim: "Crianças boazinhas não ficam bravas com coisas tão pequenas." Então pegamos a nossa raiva e a colocamos na sacola. Quando eu e meu irmão tínhamos 12 anos em Madison, Minnesota, éramos conhecidos como os "bons irmãos Bly". Nossas sacolas já estavam gigantescas... Quando colocamos uma parte de nós lá, ela retrocede. Regride em direção à barbárie. Suponha que um jovem sele a sacola aos 20 anos e depois espera 15 ou 20 anos para abri-la de novo. O que ele encontrará? Infelizmente, a sexualidade, a ferocidade, a impulsividade, a raiva, a liberdade que ele colocou ali, tudo retrocedeu; elas não são apenas primitivas no humor, são hostis com a pessoa que abre a sacola. A pessoa que abre a sacola aos 45 anos sente, na mesma hora, medo. Olha para cima e vê a sombra de um primata passando no corredor. Qualquer um que visse isso se sentiria aterrorizado. Cada parte de nossa personalidade de que não gostamos se tornará hostil a nós.[1]

As exiladas são o que notadamente Freud chamava de *id* e que presumiu, de forma indevida, que fossem meros impulsos primitivos. Como já discuti anteriormente, essa percepção negativa acabou se somando à visão prejudicial da cultura ocidental sobre a natureza humana e foi altamente influente no desinteresse da psicoterapia em conhecer essas partes de nós.

Quando se tem muitas exiladas, sente-se muito mais sensível, e o mundo parece mais perigoso, porque há muitas coisas, pessoas e situações que poderiam desencadeá-las. E quando uma exilada é ativada e irrompe de qualquer lugar que a mantemos, pode parecer que estamos prestes a morrer, pois foi exatamente assim, assustador ou humilhante, que o evento de origem aconteceu. Ou talvez, como Bly observa, estejamos aterrorizados porque as exiladas se tornaram tão extremas.

Escreverei sobre esse tópico mais adiante, mas agora quero que observe que, em termos de preferências espirituais, a sensação de inutilidade das nossas exiladas provavelmente nos conduzirá de forma inconsciente para espiritualidades ou gurus que prometem redenção ou salvação. Igualmente, por causa do medo e da mágoa, podemos ficar inclinados a algumas formas de adoração centradas em algum guru ou noção de um Deus todo poderoso.

Gerentes

Quando você tem muitas exiladas, outras partes terão de deixar seus papéis preciosos para se tornarem protetoras. É como se suas partes adolescentes fossem pressionadas a entrar na força militar ou policial. Algumas assumem o papel de controle do mundo exterior para que nada desencadeie um gatilho —

Gerentes são crianças internas parentificadas.

gerenciam nossos relacionamentos, nossa aparência e nosso desempenho, com frequência gritando conosco da maneira como nossos pais ou professores fizeram um dia, para que nos esforcemos mais ou para termos uma aparência melhor. Essas são as partes que se tornam críticos internos. Algumas partes seguem uma abordagem diferente e tentam tomar conta de todas as outras, enquanto negligenciam a nós mesmos. Outras são hipervigilantes, e outras, ainda, são intelectuais e capacitadas em nos manter fora de nosso corpo. Há muitos papéis comuns que as partes gerentes assumem. O que todas têm em comum é o desejo de antecipar a ativação de nossas exiladas nos controlando, agradando ou desconectando.

Portanto, os gerentes são uma classe de protetoras. Essas partes têm fardos pesados de responsabilidade para os quais estão mal equipadas, porque são também muito jovens. Na terapia familiar, chamamos as crianças que assumem essas obrigações de adultos de crianças parentificadas.

Os gerentes são crianças internas parentificadas. Em geral, ficam muito cansados e estressados. Estão tentando manter o mundo seguro para nossas exiladas, enquanto, ao mesmo tempo, as mantêm presas. Têm a capacidade de entorpecer nosso corpo, assim não sentimos muito, porque, se não sentirmos, então não somos ativados. Os gerentes trabalham o tempo todo — alguns nunca dormem.

Outros gerentes não querem que nos sintamos bem com nós mesmos por medo de que corramos riscos e nos magoemos. Eles nos protegem nos dividindo. São as partes de nós que nos odeiam e que nos sabotarão em qualquer coisa que poderia nos fazer sentir bem. Podem nos deixar tentar meditação ou outras práticas espirituais, mas geralmente apenas para reduzir o estresse, e não para cooperar com a não dualidade. Se a prática os ajuda a conter as exiladas (como em um desvio espiritual gerencial), eles são a favor. Querem principalmente nos manter pequenos, porque o lugar mais seguro para se estar é fora do radar.

Em geral, os gerentes não gostam de nada que nos tire de seu controle, e, como mencionei anteriormente, alguns não gostam de nada que nos faça abrir nosso coração e nos sentir confiantes ou bem em relação a nós mesmos. Por outro lado, há os gerentes que querem se relacionar e agradar a todos. Essas são as partes que nos fazem ir regularmente à igreja, por exemplo, mas não estão tão interessadas em experimentar diretamente o divino.

Bombeiros

Os bombeiros são outra classe inteiramente de protetoras. Apesar do trabalho árduo de nossos gerentes para evitá-los, o mundo tem um jeito de ativar nossas exiladas de vez em quando, de romper o que a psicoterapia tradicionalmente chama de nossas defesas. Quando isso acontece, é uma grande emergência. Para muitas de suas protetoras, vivenciar a dor de suas exiladas é como estar morrendo. Consequentemente, muitos de nós têm um conjunto de partes cujo trabalho é cuidar dessas emergências, partes que entrarão imediatamente em ação para apagar o fogo interno — as chamas da emoção explodindo do local de exílio.

Em contraste com os gerentes, que tentam impedir qualquer coisa que possa ativar as exiladas, as partes que atuam como bombeiros são acionadas depois que uma exilada é ativada e, desesperadamente (e, com frequência, impulsivamente), tentam extinguir as chamas da emoção, levar-nos para longe delas com alguma substância ou encontrar uma forma de nos distrair até que o fogo se apague.

Dependendo do quanto você teme as exiladas, os bombeiros recorrerão a medidas desesperadas com pouca consideração pelos danos colaterais à sua saúde ou aos seus relacionamentos. Tudo o que eles sabem é que precisam afastá-lo desses sentimentos naquele instante, senão... Às vezes, o medo de sua morte é justificado, porque o suicídio é uma opção para alguns bombeiros, se nenhuma solução funcionar.

Eu me referi ao desvio espiritual no Capítulo Um. Muitas pessoas começam a meditar para escapar desses sentimentos, e descobri que o uso de práticas espirituais para transcender as exiladas é uma prática desenfreada nas comunidades que atendo. Seus bombeiros o deixarão viciado na prática, em parte porque é uma grande solução para eles. Você se sente bem, e, ao contrário de outros tipos de viciados, ninguém ficará chateado com você, inclusive seus próprios gerentes. Na verdade, as pessoas admiram ou invejam sua disciplina e o veem como um santo. Diferente dos gerentes, os bombeiros amam ir para os reinos superiores e perder o controle — quanto mais longe de sua dor, melhor. Nesses reinos superiores, você pode acessar muito do *self* puro, o que é ótimo — embora não cure nada e possa fazer com que as exiladas se sintam ainda mais abandonadas.

> **Descobri que o uso de práticas espirituais para transcender as exiladas é uma prática desenfreada nas comunidades em que atendo.**

Como as exiladas estão sempre ansiosas por libertação, os bombeiros são como babás das partes mais jovens — babás que não conseguem fazer com que as crianças parem de gritar, provocar ondas de ansiedade ou vergonha no sistema. Por essa razão, os bombeiros ficam desesperados para encontrar alguém que faça as exiladas se sentirem melhor, e muitas vezes se tornam recrutadores que buscam uma prática ou uma pessoa em especial. Eles nos transformam em buscadores, que se movem de uma meditação ou um líder espiritual para outro, procurando algo que possa fazer as exiladas se sentirem permanentemente melhor. Ou, se encontram alguém ou algo que pareça servir, tornam-se seus defensores e seguidores fervorosos. Muitas pessoas chegam nas tradições espirituais com muitas exiladas por causa do trauma intenso que sofreram na vida e esperam por alívio. Lamentavelmente, muitos espiritualistas não sabem o que fazer com seus traumas além de ajudá-los a contorná-los.

Um último detalhe sobre os bombeiros. Para nós, viver nessa cultura e não ver o sofrimento de suas exiladas, ou sentir o descalabro que estamos fazendo à Terra, faz com que precisemos de distrações. Há uma infinidade de atividades dos bombeiros oferecida a nós para nos ajudar a entorpecer a dor desse dano moral. Lembre-se de que o *self* vê, sente e age para mudar injustiças, portanto, para não fazer nada disso, precisamos de drogas ilegais ou prescrição de medicamentos, entretenimento de mídia constantemente disponíveis, trabalhos que nos consomem e desvios espirituais.

Não estou tentando me mostrar aqui como um modelo de liderança do *self* a esse respeito. Passo mais tempo assistindo à Netflix e aos Boston Celtics [time de basquete] do que protestando nas ruas. E me consolo ao divulgar o IFS, pois estou fazendo algo importante, mas ainda preciso de meus bombeiros para me impedir de absorver totalmente o que está acontecendo no mundo e devotar todo o meu tempo e a minha energia ao ativismo.

Nós todos temos fardos, que estão comprometidos em nos manter seguros e homeostáticos.

Quero reiterar aqui que essas categorias — exiladas, gerentes e bombeiros — não descrevem a essência de suas partes. Elas são simplesmente os papéis que essas partes são forçadas a desempenhar pelo que aconteceu com você.

Voltando às ideias dos sistemas de ciclos de estabilidade, reforço e homeostase, os gerentes são, normalmente, os mecanismos homeostáticos de seu sistema. Sempre que seu comportamento ou sua experiência interior se afasta do que eles acreditam ser seguro para você, agem para trazê-lo de volta. Por exemplo, se várias de suas partes carregam o fardo de que o mundo é muito perigoso e que é melhor permanecer invisível, quando você começa a se sentir bem consigo mesmo, seu crítico o derrubará por medo de que você comece a assumir riscos. Se o crítico for anulado, então os gerentes entram em ação — pode ser que você se dissocie ou caia no sono. Muitos aspirantes à praticante de meditação, que se sentem fracassados porque lutam com a prática, descobrem que estão carregando esse fardo. As partes não os deixarão meditar, porque não acham que abrir o coração seja uma boa ideia.

Nesse exemplo, a variável que seus gerentes estão contendo dentro de uma faixa homeostática é sua autovalorização. Em outras pessoas, pode ser raiva, tristeza, ímpeto ou carência. Em outras, ainda, são comportamentos como movimentos ou discursos espontâneos, assertividade ou vulnerabilidade. Todos temos fardos que estão comprometidos em nos manter seguros e homeostáticos. E diferem no tipo de círculos viciosos de estabilidade que usam, mas não em suas intenções.

De certa forma, em geral, os bombeiros parecem fazer parte dos círculos viciosos de reforço, pois suas atividades com frequência os afastam muito da faixa confortável e homeostática de seus gerentes. Então os gerentes farão o máximo para trazê-lo de volta. Na verdade, o ciclo de reforço está, muitas vezes, entre bombeiros e gerentes — quanto mais exigentes os gerentes se tornam para controlá-los, mais fortes os bombeiros ficam, o que pode chegar até a sua morte, em alguns casos. No entanto, o próprio comportamento do bombeiro é normalmente homeostático, no sentido de que seu propósito original era amortecê-lo ou distraí-lo dos sentimentos exilados até que eles retornem para dentro de uma faixa tolerável.

Frequentemente, a ativação das exiladas dá início aos círculos viciosos de retorno, pois as tentativas de afastá-las, tanto dos gerentes quanto dos bombeiros, farão com que se esforcem mais para escapar ou chamar sua atenção. Por exemplo, começa como uma leve dor de cabeça e se torna uma enxaqueca intensa, quando seus gerentes o convencem a ignorar a primeira tentativa das exiladas de chamar sua atenção.

A questão aqui é que pensar de forma sistêmica e monitorar as sequências internas das atividades das partes, que envolvam problemas, possibilita que você evite o erro, por exemplo, de conspirar com seus gerentes para reprimir ainda mais seus bombeiros ou as exiladas — tomando uma aspirina, em vez de ouvir a dor de suas exiladas. Assim, você e seu terapeuta não terão uma forte reação se depois de ouvir e sentir a dor exilada, no dia seguinte, você se sentir um suicida ou quiser se embriagar. Em vez disso, você e seu terapeuta terão a certeza de que o trabalho no exílio deve ter ativado um bombeiro, você não obteve permissão de quem está agora com medo, e ele está simplesmente agindo de forma homeostática. Novamente, sistemas internos traumatizados são um meio ambiente sensível. Assim como o meio ambiente externo, mudanças em um aspecto podem ter consequências inesperadas. Isso é muito menos provável, no entanto, se pensarmos em termos de sistemas — então, as consequências, em geral, podem ser previstas e antecipadas ou tratadas a partir do *self*.

É claro que esse mapa não se aplica apenas aos sistemas internos. E tem sido usado efetivamente para entender e trabalhar com famílias e corporações, e acredito que se aplica aos sistemas humanos em qualquer nível. Os sistemas de partes e de pessoas tendem a se polarizar, formar alianças de proteção, e excluir ou se isolar uns dos outros sempre que são traumatizados e carecem de liderança efetiva.

Os exercícios deste livro são principalmente focados em ajudá-lo a conhecer e ser grato aos seus protetores. Pode ser um pouco mais complicado abrir-se para suas exiladas sozinho. Se começar a se sentir sobrecarregado com o sentimento exilado, é importante parar o exercício. Em muitos casos, funciona para conhecer quem são algumas das suas exiladas, mas não estamos pedindo para você realmente chegar perto delas, para tentar ajudá-las, porque a maioria das pessoas, incluindo eu mesmo, precisa ter alguém junto para fazer isso — preferencialmente um terapeuta de IFS ou pelo menos alguém que possa ficar no *self* enquanto você se emociona.

Não vamos até as exiladas sem permissão das protetoras.

Há muitos anos, aprendi a importância de respeitar as partes protetoras, o direito delas de proteger o sistema e de não serem retiradas do caminho. Sistemas internos que têm fardos são ambientes sensíveis e precisamos abordá-los e visitá-los de forma adequada. Suas protetoras passaram a vida toda tentando manter você (e todas as outras partes) longe de suas exiladas, então precisam ser consultadas primeiro e convencidas de que há um bom motivo para deixá-lo entrar. Não vamos até as exiladas sem permissão das protetoras.

Aprendi isso da forma difícil no início do desenvolvimento do IFS. Conforme os pacientes descreviam ter partes que estavam com dor intensa ou sentiam terror, parecia que essas eram as partes que precisavam ser curadas, então direcionei meus pacientes a elas, e quando conseguimos chegar lá, inconscientemente, ignoramos suas protetoras. Como veremos com Mona em breve, alguns pacientes sofreram reações severas de retrocesso (impulsos suicidas, dores físicas ou febres, episódios de ódio a si mesmos ou desconfiança de mim), enquanto as protetoras os puniam por nossa transgressão. É por isso que aprendemos a ser convidados ecologicamente sensíveis nos ecossistemas de nossos pacientes.

Em parte, é por isso que estou traçando o mapa agora, para que, à medida que continue com os exercícios, você possa ter em mente onde estamos e aonde estamos indo. É um mapa bastante simples: exiladas, gerentes e bombeiros. A única outra categoria que você pode encontrar em si mesmo são as protetoras-no-exílio, que mencionei brevemente. Elas são partes que não são jovens e vulneráveis. Em vez disso, frequentemente, são bombeiros impulsivos que seus gerentes bloquearam porque feriram alguém ou têm esse potencial. Ou porque você foi criado ou está em uma cultura em que o envergonha ter essas partes. Muitas vezes, você ficará muito assustado e terá visões distorcidas dessas partes, até começar a ouvi-las e descobrir que elas não são diferentes de outras protetoras. E que também precisam de sua ajuda.

Mais uma vez, gostaria de lembrá-lo de que as categorias que descrevo nesse mapa não capturam a essência de suas partes. Em vez disso, são apenas os papéis que suas partes foram levadas a desempenhar, por causa do que aconteceu em sua infância. São mantidas pelos fardos que carregam e ficaram paralisadas no passado. Quando recuperadas, libertadas de seus fardos e desses papéis, tornam-se algo bem diferente e sempre valioso. Muitas vezes, é difícil prever no que se transformarão. Um gerente pode querer apenas deitar-se sob o sol da praia, e um bombeiro pode querer usar sua energia para algo saudável e divertido, em vez de se embriagar.

Sessão Dois: Mona

Recentemente, fui chamado para realizar uma sessão com um terapeuta de IFS cuja paciente, Mona, teve um surto psicótico quatro anos antes e estava interessada em explorar as partes que poderiam estar envolvidas nisso, mas ela também estava muito receosa em fazê-lo. Mona me falou que, durante o episódio, tinha sido hospitalizada, tomado antipsicóticos e recebeu diagnóstico de transtorno bipolar. Ela tinha reconstruído sua vida desde então, mas ainda se medicava por medo de uma recaída e queria ver se o IFS podia ajudá-la a compreender o que aconteceu e a ganhar a confiança de que não voltaria a ter o surto.

Junto com seu terapeuta (Bob) na videochamada, peço a Mona para se concentrar na parte maníaca e que a encontre em seu corpo. Ela a localiza em seu peito e vê uma imagem de si mesma na ala psiquiátrica, sentindo-se presa e desesperada. Pergunto como se sente em relação àquela mulher mais jovem, e ela diz que sente pena e que quer abraçá-la. Falo para ela fazer isso, e ela o faz, mas de repente ela se afasta da cena e diz que está com sono. Peço para falar diretamente com a parte que a está afastando com sono e pergunto por que tem medo de deixá-la ficar com aquela parte no hospital. Ela diz que tem medo de que essa parte maníaca assuma novamente o controle e Mona acabe voltando para o hospital em que estava. Digo que isso faz sentido, mas que sei como evitar que ela assuma o controle e que nós a ajudaremos a não ter que estar nesse papel maníaco. A parte dissociativa sonolenta recua, e Mona volta a abraçar a mulher no hospital.

De repente, ela vê um abismo imenso e tem medo. Peço a ela que leve as partes assustadas para uma sala de espera e a tranquilizo dizendo que eu e seu terapeuta ficaremos com ela se quiser entrar naquele buraco negro. Agora ela fica curiosa e quer entrar conosco. Nós entramos, e ela vê um braço com a mão estendida saindo do escuro. Ela pega na mão, saímos do buraco e descobrimos que a mão pertence a uma menina de 4 anos. Mona a abraça e pede desculpas espontaneamente a ela por jogá-la no buraco. Peço a ela para perguntar o que aconteceu no passado. Uma protetora surge para dizer que a culpa é da menina.

Converso diretamente com a parte protetora e pergunto de onde ela tirou essa ideia. Ela diz que seus pais sempre ressaltaram como ela e suas irmãs eram responsáveis pelo que permitiam que os meninos fizessem com elas. Eu digo à parte que é compreensível que ela acreditasse no que os pais diziam e que quisessem protegê-las, mas que precisamos ajudar a menina a descarregar todos os seus sentimentos e que não acreditaremos automaticamente no que ela mostra sobre o que aconteceu — e que vamos apenas curá-la.

Mapeando Nossos Sistemas Internos   85

Mona, de repente, vê a menina nua do lado de fora e diz que não está certa de como ela chegou ali. Digo para perguntar à menina. "Um adolescente veio morar com minha família. Ela diz que ele fez algo com ela, mas que não sabe o que foi, porque ela foi embora — ela se dissociou —, foi dormir." Eu disse: "Entendo, a mesma parte dissociativa sonolenta a protegeu na época da mesma forma que está tentando fazer hoje. Precisamos lembrar de agradecê-la por tê-la salvado." Digo a Mona para entrar na cena e ficar com a menina da maneira de que ela precisava naquela época. Ela o faz, traz a menina com algumas roupas para fora da cena até o presente e a ajuda a se libertar do fardo de vergonha e do terror que está carregando desde então.

A menina se sente muito feliz agora e quer brincar. Digo a Mona para trazer a mulher maníaca do hospital para ver que a menina está bem, e a mulher tira a roupa do hospital e se liberta dos fardos com sentimentos maníacos. Mona diz: "Acho que quando eu estava psicótica, partes do meu cérebro estavam percebendo um pouco disso, mas era demais." Terminamos a sessão com a tarefa que Mona devia fazer em sua casa, uma prática diária de verificação dessas partes por pelo menos um mês. Ela diz que se sente mais leve e aliviada.

Entretanto, várias horas depois, recebo um telefonema em pânico do terapeuta dela dizendo que Mona quer se suicidar. Ele me pede que fale com ela novamente.

DICK: O que está acontecendo?

MONA: Eu estava voltando para casa e senti uma vontade intensa de me suicidar. Há uma parte que está furiosa comigo e quer que eu me mate.

D: Muito bem, trabalharemos com ela. Deixe-me falar com ela, assim podemos saber o que ela quer que saibamos. Você está aí?

M: Mona é uma vaca estúpida! Eu a odeio muito! Eu a odeio tanto! Só quero que ela morra! Quero magoá-la e bater nela!

D: [*Calmamente*] Por quê? Pode me dizer o por quê?

M: Ela fez tudo errado!

D: O que você tem medo de que aconteça se não matá-la ou feri-la?

M: Ela vai continuar fazendo merda.

D: Que merda ela fez?

M: [*Chorando*] Ela não pode nos dar o tipo de amor de que precisamos porque ela estraga tudo. Todos os relacionamentos.

D: Muito bem, mas me diga por que está tão chateada com ela agora. Está relacionado com o trabalho que fizemos?

M: Ela mostrou para todo mundo que estava exposta e nua.

D: Então, como foi para você ver ela exposta assim?

M: Foi a pior coisa que poderia ter acontecido! Ela tem que ser forte e perfeita.

D: Quantos anos acha que ela tem?

M: [*Como Mona*] Ela diz que tenho 32. Estou falando para ela que sou muito mais velha que isso agora.

D: Ótimo. Suspeito que quando você tinha 32, ela teve bons motivos para mantê-la forte e perfeita. Está correto? E para atacá-la, se alguma vez baixasse a guarda.

M: Sim, eu fiquei com depressão na época e me desliguei totalmente, perdi tudo, e isso continuou por anos.

D: Ela está aliviada por saber que você não está naquele lugar agora?

M: Não, porque ela diz que eu provavelmente continuarei fazendo merda e me magoando.

D: Certo. Deixe-me falar diretamente com a parte de novo. [*Para a parte:*] Como foi conversar comigo sobre os sentimentos que você tem?

M: É bom falar para alguém o quanto ela é estúpida.

D: Não — o que me falou foi o quanto é perigoso para ela se expor e ser vulnerável, e compreendemos isso. E compreendemos que houve momentos em que você realmente precisava impedi-la de ser assim. Como se sente ao ouvir isso?

M: Sinto-me bem.

D: Obrigado por compartilhar tudo isso comigo e me deixar falar com a Mona de novo. Você está aí? [*Ela assente*] Como se sente em relação a essa parte agora?

M: Sinto afeição — ela só está tentando me manter na linha.

D: É, só está tentando mantê-la segura — ela não quer, na verdade, matá-la. Ela não sabe mais o que fazer além de ameaçá-la para que se comporte. Fale para ela que a compreende e veja como ela reage.

M: Ela está aliviada.

D: Atualize-a sobre sua vida agora e como há pessoas em quem você pode confiar e ser vulnerável, como o Bob [o terapeuta].

M: Sim, ela está chorando e está exausta. Estou perguntando como ela adquiriu essas crenças sobre ter que ser perfeita e forte. Diz que foi nos meus vinte e poucos anos. Eu a estou abraçando enquanto ela chora. Ela está envergonhada por seu descontrole.

Mapeando Nossos Sistemas Internos   87

D: Não precisa se envergonhar. É ótimo que você a tenha encontrado também. E estou feliz que tenham me chamado. Vou entregá-la ao Bob agora.

B: Obrigado, Dick. Mona, como se sente em relação a essa parte agora?

M: Muito maternal — eu ainda a estou abraçando.

A razão pela qual incluí essa sessão é clara: não importa o quanto verifiquemos com as protetoras antecipadamente, e parecemos pedir permissão a elas, não é incomum que os bombeiros como o de Mona se revoltem depois. Se algo assim acontecer com você, em vez de polarizar a parte e iniciar um círculo vicioso de reforço, tente ficar interessado. Em minha experiência, a parte só precisa ser compreendida, tranquilizada e amada.

À medida que abordamos as exiladas, muitos pacientes me disseram (com raiva ou vergonha) algo parecido: "Não sei o que vocês estão fazendo comigo. Eu fiquei sóbrio por dez anos, mas saí e fiquei bêbado ontem à noite." Minha resposta padrão é: "Que ótimo, porque agora temos uma linha direta com uma parte que não tínhamos curado ainda." É desnecessário dizer que tem sido difícil convencer o campo da psicoterapia de que os sintomas são atividades das partes.

Com Mona, encontramos o que eu suspeito serem três bombeiros: o sonolento dissociativo, o maníaco e o suicida. Nós também encontramos um gerente — o que a culpou pelo que aconteceu. Como você pode saber a diferença? Não se trata da atividade de proteção, pois virtualmente qualquer atividade pode ser usada para ambos. Por exemplo, digamos que eu tenha um paciente que abusa da bebida. Se ele, por ventura, se sentir desprezado, vai para o bar e se embriaga. Mas, com o tempo, ele descobre que, se ficar bêbado o tempo todo, nunca se sentirá desprezado. Assim, beber deixou de ser uma atividade do bombeiro para ser uma atividade do gerente. A mesma atividade é usada por partes diferentes, com propósitos diferentes — os gerentes antecipam o desencadeamento das exiladas, e os bombeiros reagem após uma exilada ter sido ativada.

O exemplo de Mona também levanta a questão das memórias recuperadas. Mona viu a si mesma como uma criança nua dizendo que um adolescente fez alguma coisa com ela. Isso é uma memória precisa? Não podemos saber ao certo sem mais evidências. Com o IFS, no entanto, podemos recuperar e libertar esse fardo da criança sem precisar saber se a memória é precisa ou se está atuando sobre ela no mundo exterior, e, ainda assim, terá um impacto curativo.

PARTE DOIS

Liderança do *Self*

CAPÍTULO SEIS

Cura e Transformação

O que queremos dizer com cura e transformação no IFS? Como afirmei anteriormente, nossa cultura (em geral) e nossa psicoterapia (especificamente) cometeram o grave erro de presumir que as partes são o que parecem. Ou seja, a parte que nos leva a comer demais é simplesmente um impulso de compulsão alimentar, ou a que nos faz tremer de terror é apenas um ataque de pânico, e isso é tudo o que são — impulsos destrutivos, emoções, padrões de pensamento ou doenças psicológicas. Quando você compreender que não está doente ou desajustado e, em vez disso, vê que meramente tem uma parte que está desempenhando um papel extremo, se sentirá aliviado e confortado.

As famílias são assim também. Por exemplo, a literatura sobre famílias dependentes de álcool e os papéis de irmãos que são lançados pela dinâmica da família quase sempre se refere aos papéis de criança perdida, herói e bode expiatório. Mas esses papéis não têm nada a ver com a essência daquela criança em particular. Se um bom terapeuta chegasse e reorganizasse a família, a criança seria libertada desse papel e relaxaria com o que ela realmente é. Estou argumentando que é a mesma coisa com as famílias internas — as partes são levadas a desempenhar determinados papéis e anseiam por ser libertadas. Uma vez livres, se transformam.

Se você fosse criado em uma família harmoniosamente perfeita em uma cultura igualmente perfeita, não teria partes nesses papéis. Na verdade, dificilmente você notaria suas partes, porque elas estariam trabalhando juntas, preocupando-se umas com as outras e se sentindo conectada ao seu *self* — em outras palavras, seu sistema interno estaria em harmonia. Algumas pessoas têm partes que nunca carregaram fardos — que ainda estão em seus estados naturalmente valiosos. Nós, terapeutas, não tendemos a trabalhar com pessoas assim, pois elas não se beneficiam com a terapia. Em vez disso, em geral, trabalhamos com partes que carregam fardos das pessoas que estão ligadas aos problemas que nos trazem.

Lembre-se dos quatro objetivos do IFS: libertar as partes dos papéis e fazê-las retornar aos seus estados naturais, restaurar a confiança do *self*, rearmonizar o sistema interno e restabelecer a liderança do *self*. O que chamamos de cura nesse trabalho é crucial para alcançar esses objetivos, pois as exiladas com fardos nos manterão vulneráveis, ansiosos, desvalorizados, envergonhados, solitários e vazios. E tudo isso continuará a orientar nossos protetores.

Originalmente, a palavra *curar* significava "tornar inteiro" ou "salvar". Quando curamos qualquer nível de um sistema humano, trazemos seus membros dispersos ou polarizados de volta à harmonia para tornar o sistema inteiro novamente. Os membros curados de famílias ou empresas não desaparecem — em vez disso, se reconectam e se harmonizam. O mesmo é verdade nas famílias internas.

> **Uma exilada é curada quando o *self* a resgata de onde ela ficou no passado.**

Uma exilada é curada quando o *self* a resgata de onde ela ficou presa no passado. Então a exilada pode ser libertada de seu fardo e começar a se reintegrar com todas as outras partes do sistema. Quando isso acontece, o sistema se sente menos vulnerável, e as protetoras também se sentem livres para libertar seus fardos e assumir novos e valiosos papéis. Assim, toda a energia protetiva que foi utilizada para evitar que fosse ativado e manter suas exiladas distantes é liberada para atividades mais saudáveis, e você tem novo acesso aos maravilhosos sentimentos e recursos de suas antigas exiladas.

Eis aqui um resumo de uma sessão com uma paciente: Cheryl veio me ver logo depois que seu namorado a pediu em casamento. Sua reação imediata a essa proposta foi de terror, e ela não conseguia entender por que isso aconteceu, pois ela realmente o amava. Eles já estavam juntos havia muito tempo, e ela o conhecia muito bem. Agora estava duvidando de si mesma, pensando que talvez sua intuição estivesse vendo algo que ela não via. Muito estressada com isso, estava se questionando se deveria desistir.

Convidei Cheryl a se concentrar nesse medo e conhecê-lo. Ela encontrou o terror em seu estômago, e quando perguntei como se sentia em relação a ele, disse que estava com muito medo e não queria saber daquilo. Pedi para ela ver se as outras partes poderiam nos dar um pouco de espaço para conhecer a do terror por alguns minutos. Elas concordaram, desde que também pudessem falar depois. Cheryl disse que estava curiosa sobre o medo e perguntou por que estava tão aterrorizado. O medo acabou mostrando cenas dela mesma uma garotinha, quando se sentiu presa por seu pai alcoólatra, que abusava fisicamente dela, memórias de que ela estava ciente, mas das quais tinha minimizado o impacto.

Na verdade, o terror era um protetor que tomou a decisão de "nunca mais" naquela época — nunca mais ele deixaria que a garotinha (que a exilada protegia) ficasse naquela posição de novo. À medida que Cheryl ouvia o medo, começou a relaxar, e pedi para ela perguntar se tínhamos permissão para ir até a garotinha e curá-la. A protetora disse que ficaria por perto observando, porque estava cética, mas a deixaria tentar.

Então perguntei para Cheryl como se sentia em relação à garotinha. Ela começou a chorar e disse que sentia muita pena. Falei para ela chegar mais perto e mostrar sua compaixão. A menina acolheu sua atenção, e Cheryl a abraçou. Depois pediu que a garotinha lhe dissesse o quão ruim tinha sido o que havia passado com o pai, e ela não somente mostrou as cenas de abuso, mas também fez com que Cheryl sentisse a intensa ansiedade e traição que ela sentia constantemente na época. Uma vez que a exilada se sentiu plenamente percebida, Cheryl entrou naquele momento e falou para o pai, diante da garotinha, que nunca mais tocasse na garota de novo. Então Cheryl a tirou daquele momento e a levou para a casa em que mora atualmente e prometeu que ela não precisaria mais voltar lá, que tomaria conta dela agora. Visto que a garotinha acreditou, ficou disposta a descarregar toda sua ansiedade, sua sensação de impotência e seus sentimentos aprisionados. Decidiu tirar tudo e enviar para a luz. E então recebeu uma sensação de segurança e de amor em seu corpo.

Depois, convidamos a protetora baseada no terror a vir observar a garotinha e a constatar que não precisa mais protegê-la. A protetora ficou impressionada e feliz em vê-la, mas não estava pronta para libertar o fardo do terror (protetoras carregam fardos também), pois ela ainda protegia outras exiladas de que não tínhamos conhecido ainda. Por fim, curamos as outras exiladas também. Cheryl se casou como o namorado e, pelo que soube, estão se dando muito bem.

Esse é um exemplo do processo de cura do IFS. Apresento aqui esse resumo para ilustrar um pouco do que você começou a vivenciar nos exercícios até agora. Com Cheryl, eu fui rapidamente até a exilada. Não tínhamos feito isso até agora e não faremos neste livro. Como mencionei anteriormente, trabalhar com as exiladas diretamente pode ser delicado quando se está sozinho. No entanto, você pode começar a perguntar e conhecer as exiladas que estão conduzindo as protetoras e depois, talvez, ir até as exiladas com o auxílio de um terapeuta especializado em IFS ou alguém em quem confie, que possa ficar em *self* com você e não ser ativado se você mostrar muita emoção.

As exiladas precisam que você se conecte com elas até que confiem em você. Depois, precisam que testemunhe o que aconteceu com elas e saiba o quão verdadeiramente foi ruim. Depois você pode voltar para onde elas estão presas no passado e trazê-las para fora. Geralmente, neste ponto, elas estão dispostas a se libertar de crenças e emoções que estavam carregando.

Quando você lhes mostra que não precisam mais proteger suas exiladas, as protetoras às vezes entram em pânico. Elas acham que você as fará retroceder. Elas têm feito o mesmo trabalho há décadas! Aprendi simplesmente a lhes perguntar "O que você quer fazer agora?", porque todos têm o desejo natural de fazer algo produtivo, e, como disse anteriormente, não dá para prever o que será. Muitos gerentes se tornam conselheiros, assim a parte que procurava por perigo constantemente agora quer apenas ser perspicaz e sussurrar algumas vezes quando estiver entrando em uma nova situação. Outras querem fazer o oposto do papel que desempenhavam. O crítico se torna seu maior fã. O que o mantinha invisível agora quer ajudá-lo a brilhar.

Exercício: O Caminho

Visto que esta parte do livro está centrada na liderança do *self*, quero oferecer uma prática que te dará uma sensação mais profunda de seu *self* e de sua energia.

Novamente, fique em uma posição confortável e respire fundo, se isso o ajudar. E, com os olhos da mente, coloque-se no início de um caminho. Pode ser um caminho em que você já tenha estado ou um completamente novo. E depois, se encontre com suas partes no início do caminho, pergunte a elas se estão dispostas a esperar por você ali e deixá-lo ir sozinho nessa breve jornada no tempo.

Observe como elas reagem à ideia. Você pode verificar se as que estão com medo podem ser confortadas pelas que não estão. Avise-as de que você não ficará fora por muito tempo, que isso será bom para elas e para você, mas que não devem permitir que o faça se não estiverem prontas. Isso depende do dia — em uns dias elas estão bem, em outros não estão, isso é natural. Se elas não estiverem dispostas, então não faça. Você pode passar o tempo apenas conhecendo-as melhor e compreendendo seus medos.

No entanto, se elas quiserem, vá em frente e siga o caminho, lembrando-as de que você voltará em breve. Em diferentes pontos, pedirei que pare e note certas coisas enquanto segue, mas, por enquanto, basta seguir o caminho.

Agora eu o convido apenas a notar o que está acontecendo enquanto você continua seguindo e, em particular, se está pensando em alguma coisa, porque, se está pensando, significa que ainda há algumas partes com você. Veja se elas também estariam dispostas a se separar e ficar com as outras. Se não, qual é o medo delas?

Você também pode escanear seu corpo em busca de qualquer coisa que não se sinta como seu *self*. Se encontrar alguma coisa, também é provável que seja uma parte, e você pode pedir-lhe para voltar para o início. Se as partes que você encontrar estão dispostas a voltar, então você gradualmente notará que está se tornando cada vez mais pura consciência, sem um monte de pensamento. E se as partes não estão dispostas a deixá-lo, tudo bem — você pode passar o tempo conhecendo os medos delas.

Se em algum momento você perceber que está observando a si mesmo fazendo a jornada, significa que há uma parte tentando fazer a jornada por você. Quem é que está observando? Você pode pedir a essa parte também para ir para o início, assim, quando estiver no caminho, não poderá ver a si mesmo — pode ver ao redor de uma forma direta, como em primeira pessoa.

Se suas partes estão verdadeiramente confiando em você para fazer a jornada, então agora deve estar experimentando algumas características de que temos falado — clareza, ausência de pensamentos, magnitude, concentração no presente, sensação de bem-estar, conectividade, estar em seu corpo, confiança, e assim por diante. Você pode também sentir uma espécie de energia vibrante correndo pelo seu corpo. Chamamos isso de energia do *self*. Se sentir essa energia, chame-a para fluir por todo o seu corpo.

Se perceber qualquer lugar em que essa energia não esteja fluindo, é provável que haja alguma parte bloqueando-a por alguma razão, por isso veja se essa parte pode voltar para o início também. Se não está sentindo nada disso, significa que há partes ainda com você, então verifique seu corpo e sua mente para ver se pode encontrá-las e pergunte se podem voltar para o início.

Em algum momento, pare e viva essa experiência. Perceba como é ter tanto do *self* em seu corpo. Perceba as formas diferentes que podem senti-lo, além de como e onde a energia do *self* se manifesta e se revela. É importante lembrar desses marcadores — é assim que você pode dizer que está corporificado. À medida que seu dia passa, pode dizer o quanto está no *self* ou não — o quanto suas partes estão conduzindo a situação.

Com frequência, verifico o quanto meu coração está aberto, se estou pensando muito ou se há pressão em meus ombros e em minha testa (que é onde meus gerentes ficam). Se eu percebo alguma dessas partes trabalhando, apenas peço para que relaxem e, de certa forma, voltem para o início e observem enquanto eu lido com o que quer que esteja enfrentando. "Apenas confiem em mim", digo a elas. Algumas precisam me dar alguns conselhos antes de se afastarem, o que é bom.

Se agora você está sentindo muito da energia do *self*, muita corporização, então tem a opção de chamar alguma mensagem do universo. Talvez nada surja, e tudo bem, mas as pessoas às vezes recebem alguma orientação clara nesse ponto.

Agora eu o convido a voltar em direção ao início em um ritmo em que se sinta bem. E quando voltar para suas partes, veja como elas reagem ao seu retorno e agradeça por qualquer risco que tenham assumido ao deixá-lo fazer a jornada. Pergunte como foi para elas. Verifique se estariam dispostas a deixá-lo tentar isso de novo algum dia. Lembre-as, mais uma vez, de que pode ajudá-las, que seu objetivo é ganhar a confiança delas, e se qualquer uma não confiar em você por alguma razão, que está aberto para saber disso e se retratar. E se ainda estiver sentindo algum formigamento da energia do *self*, pode estendê-la para suas partes. Você descobrirá que ela é curativa e que pode, na verdade, dirigi-la até para outras pessoas. Eu a estendo para meus pacientes quando estou trabalhando com eles. Se conseguir fazer essa última etapa, veja como suas partes reagem ao receber a energia do *self* que você tem para oferecer.

E quando tudo parecer finalizado, agradeça às suas partes novamente pela permissão que tenham dado em qualquer etapa do exercício e comece a mudar seu foco de volta para o exterior. Mas veja se consegue segurar um pouco desse estado do *self* mesmo quando abrir os olhos e voltar.

Algumas pessoas não conseguem ir muito longe no caminho. Por alguma razão, suas partes não permitem. Mesmo assim, é valioso saber o porquê. Pergunte a elas por que não acham seguro e trabalhe seus medos.

Entretanto, se as partes estiverem dispostas a esperar no início e deixar você seguir o caminho sozinho, as pessoas, de forma bastante universal, têm algumas das experiências que descrevi. A energia do *self* surge espontaneamente, uma vez que suas partes permitem que você se corporifique inteiramente e possa direcionar essa energia para si mesmo, ou, se preferir, para os outros. Pessoalmente, eu não a estendo às pessoas, a menos que eu saiba que é bem-vinda, mas eu o incentivo a estendê-la para as partes, tenham ou não concordado com isso, pois elas parecem simplesmente amá-la.

No ponto em que falei para pedir qualquer mensagem, não é incomum que nada aconteça. Dito isso, às vezes as pessoas recebem orientações claras sobre a vida ou sobre como trabalhar com suas partes. E às vezes é apenas uma espécie de calor — uma sensação reconfortante de que não estão sozinhas. Se receber alguma informação neste ponto, compartilhe com suas partes.

Quanto à origem dessa informação, ainda não tenho uma posição sobre o assunto. Quer seja sua intuição, uma parte sábia, um guia espiritual, ou o que quer que seja — deixarei que descubra por si mesmo. Apenas direi que, do ponto de vista da observação empírica, quando as pessoas estão completamente em *self* e pedem uma mensagem, sempre chega algo útil.

Outro aspecto importante desse exercício é que ele muitas vezes o força a perceber partes que não notaria de outra forma. Todos nós temos gerentes internos que são parecidos com o *self* ou uma versão dele. Normalmente não os detectamos, porque estão muito integrados e envolvidos na maioria das nossas interações com o mundo. Muitas vezes eles acreditam que são nós, e muitas vezes nós também acreditamos. Mas são apenas uma espécie muito convincente de parte protetora. Eles nos tornam simpáticos, cordiais e atenciosos, por exemplo, mas apenas para persuadir outras pessoas a gostarem de nós e acharem que somos bons. E frequentemente são os responsáveis por manter certas partes, que não aprovam, no exílio. Diferentemente do *self*, os gerentes que se assemelham a ele têm programas de proteção e não são totalmente autênticos quando transmitem atenção, gratidão ou respeito. São o que algumas pessoas depreciativamente chamam de ego, mas merecem nosso amor, em vez de desprezo. Assim como qualquer outro protetor, precisamos libertá-los de seus enormes fardos de responsabilidade.

Exercício: Acessando o Self por meio da Divisão

Como no exercício que acabou de fazer, esta prática o ajudará a explorar como o *self* trabalha dentro de você. Normalmente, como você faz para começar os exercícios, fique em uma posição confortável e respire profundamente, se achar que isso ajuda. Novamente, verificamos com as partes que está conhecendo ativamente como estão hoje. Relembre-as de que as apoia, pode ajudá-las e se importa com elas. Também pode expandir seu alcance incluindo as partes que não conhece tão bem — apenas reconheça que sabe que estão lá, que se importa com elas e que planeja continuar conhecendo-as.

Quando tiver a sensação de que todas as suas partes se sentem ao menos reconhecidas, peça que relaxem e abram espaço em sua mente e em seu corpo. Assegure-lhes de que será apenas por um momento e de que o propósito desse exercício é deixar que você e elas saibam mais sobre quem você é realmente.

Se estiverem dispostas, você perceberá a mesma experiência de consciência expandida e aberta que sentiu no exercício do caminho. Desta vez, quero que veja se estão dispostas a deixá-lo manter esse estado que chamamos de liderança do *self*, até mesmo quando abrir os olhos. Portanto, se seus olhos estiverem fechados agora, tente abri-los, veja se consegue sentir essa abertura. Você pode descobrir que, quando abre os olhos, as partes voltam a atenção para a proteção.

A prática de abertura dos olhos nesse estado é uma etapa do processo que pode levá-lo a experimentar a sensação de ser conduzido e corporizado pelo *self* na sua vida diária. Por "prática", não quero dizer que a liderança do *self* seja algo que precisa ser trabalhado como um músculo. Em contraste, o que estamos fazendo nesse exercício é apenas ajudar as partes a aumentar sua confiança para que permitam que você se corporifique e lidere, para que entendam que é seguro. Quanto mais elas tentarem e perceberem que nada terrível acontece, mais dispostas estarão a continuar tentando. Cada vez mais, você pode vivenciar essa outra forma de ser e estendê-la à sua vida diária.

Ao final dessa prática, lembre-se de agradecer às partes por tudo o que estão fazendo, mude seu foco de volta para o exterior. Perceba também o quanto dessa sensação do *self* você conseguiu trazer ao voltar e continuar seu dia.

O que o *Self* É e o que o *Self* Não É

No início do desenvolvimento do IFS, descobri que, quando direcionava os pacientes pelos exercícios e suas partes abriam espaço interior, eles mudavam para o *self* espontaneamente. E mais, era quase como se a mesma pessoa estivesse emergindo em pacientes diferentes, então comecei a catalogar os atributos que todos manifestavam. E foi assim que elaborei a seguinte lista.

Os Oito Cs da Energia e da Liderança do *Self*

- Curiosidade
- Calma
- Confiança
- Compaixão
- Criatividade
- Clareza
- Coragem
- Conexão

Embora não tenha uma ordem sequencial para esses Cs, acho que o primeiro atributo a se revelar é, com frequência, a curiosidade. Provavelmente você notou que está se tornando mais curioso sobre suas partes de uma forma nova em algumas práticas que fez neste livro. A compaixão, como um aspecto espontâneo do *self*, me surpreendeu, porque sempre presumi e aprendi que a compaixão é algo que é preciso desenvolver. Há essa ideia — principalmente em alguns círculos espiritualistas — de que é preciso trabalhar o músculo da compaixão ao longo do tempo, pois ela não é intrínseca. Mas essa é a visão negativa da natureza humana em ação. Para ser claro, o que quero dizer com compaixão é a capacidade de estar verdadeiramente em *self* com alguém quando ele está sofrendo e *compreender* sua dor, mas não ser dominado por esse sentimento. Você só consegue fazer isso se o fizer em seu interior. Ou seja, se puder estar com suas exiladas sem se misturar e ser dominado por elas, e, em vez disso, mostrar-lhes compaixão e ajudá-las, assim pode fazer o mesmo por alguém que está sofrendo e que está perto.

É claro que isso também envolve um grau notável de coragem e calma. Em *self*, você consegue lidar melhor com pessoas ou situações problemáticas que podem tê-lo paralisado antes e também pode visitar cavernas ou abismos interiores que o aterrorizavam. É preciso ter confiança e também criatividade para fazer isso. Uma vez no *self*, poderá desfrutar de muita clareza sobre o que está acontecendo consigo e com os outros, e isso o capacitará a ter toda espécie de soluções e ideias criativas.

Além disso, quando experiencia o *self*, sente-se naturalmente mais conectado à humanidade em geral e também a algo mais grandioso e abrangente — a Terra, o universo, o grande *Self*, ou qualquer que seja sua experiência disso. Em outras palavras, uma vez em *self*, você se sente menos isolado e solitário.

Quando as pessoas sentem o quanto estão conectadas à humanidade, sentem mais curiosidade sobre os outros e têm mais coragem para ajudá-los.

É claro que todos os atributos trabalham juntos. Quando você fica curioso sobre uma parte, naturalmente ganha clareza a respeito do que se trata, o que geralmente resulta em uma nova compaixão por tudo o que ela já passou e está tentando fazer. Além disso, quando as pessoas sentem o quanto estão conectadas à humanidade, sentem mais curiosidade sobre os outros e têm mais coragem para ajudá-los. Dessa forma, mesmo o acesso a esses atributos C, em geral, leva ao surgimento e à atividade de outros. No IFS, falamos em começar com uma *massa crítica de self* — o bastante para conduzir o processo em uma boa direção e os outros se seguirão.

Dito isso, é raro que alguém esteja em estado de puro *self*, no qual todos esses atributos se manifestem simultaneamente (embora o exercício do caminho possa, às vezes, fazê-lo chegar bem perto). Na maioria das vezes, estamos misturados em algum grau com partes diferentes. Mas à medida que você repetidamente prova às suas partes que elas não precisam se misturar, gradualmente vivencia mais dos oito Cs, e mais frequentemente também. Descobre também outros atributos que surgem, algo como prazer, paz de espírito, indulgência, perspectiva e alegria.

Quanto mais se familiarizar com eles, mais será capaz de dizer quando está em *self* e quando não está. Tenho um conjunto de marcadores que verifico com o passar do meu dia, mas também os considero particularmente úteis nos momentos de desencadeamento. Por exemplo, quando estou interagindo com alguém, posso perceber rapidamente o quão aberto ou fechado está meu coração e quanta compaixão eu tenho pela pessoa. Verifico se preciso fazer uma grande programação para conversar ou usar um tom de voz que seja constrangido ou carente de energia. Posso verificar também quanto dos oito Cs estou corporizando. Pessoas diferentes têm marcadores diferentes, e eu o incentivo a encontrar os seus. Assim, poderá assumir que qualquer desvio desses atributos é atividade das partes, o que o capacitará a identificá-las e lembrá-las de que é seguro se separar e confiar em você para lidar com a situação. E quando confiarem, de repente você sentirá seu coração abrir mais, a voz mudará, a visão se tornará clara, a respiração ficará mais profunda, e assim por diante.

> **Ele não é compassivo em, passivamente, observar o desfile de seres em sofrimento.**

Também quero falar um pouco sobre o que o *self* não é. Principalmente, quero enfatizar que o *self* não é o que, de maneira geral, as pessoas consideram como ego, que em termos de IFS é um grupo de gerentes que está tentando administrar sua vida e mantê-lo seguro. O *self* também não é o ego observador ou a *consciência testemunha*, porque ele não fica passivamente observando. O *self* não se contenta em apenas observar. Ele não é solidário em, passivamente, observar o desfile de seres em sofrimento. Quando acessa o *self*, naturalmente você quer ajudar suas partes.

O *self* não é observável — você não pode vê-lo, porque ele é a sede da consciência. É de onde você vê suas partes e o mundo exterior. Assim, se pedirem para abraçar uma de suas partes e sua experiência for a de observar a si mesmo realizando essa ação, esse não é seu *self*. Como argumentei no exercício do caminho, se você se vê no mundo interior, em geral, é uma parte semelhante ao *self* tentando dirigir as coisas, pois não confia que seja seguro deixar você fazê-lo.

Algumas tradições espiritualistas ensinam que não é possível descrever o que é o *self*, que ele é de alguma forma indescritível. Não acho que isso seja verdade. Acho que, quando as pessoas acessam o *self*, ele é caracterizado pelos atributos que já discutimos, e elas podem palpavelmente sentir que estão lá, e outras pessoas podem senti-lo em seu interior. É algo bem real, em vez de etéreo ou indescritível.

O *self* é, de fato, mais do que a soma de suas partes. E também está em cada uma delas. Embora ele precise de uma certa quantidade de *hardware* (ou seja, capacidade cerebral) para funcionar plenamente. Crianças pequenas não podem acessar completamente o *self*, embora possam corporizar o suficiente dele para curar a si mesmas emocionalmente — um processo testemunhado e descrito por muitos terapeutas infantis de IFS. As crianças não têm poder cerebral para se proteger completamente no mundo, independente do quanto suas partes possam permitir que sejam lideradas pelo *self*. E é em parte por isso que suas partes perderam a confiança na liderança do *self* quando você foi magoado na infância — não pôde protegê-las na época, e elas acham que precisam assumir o controle.

Quando você percebe que não é a parte insegura e egoísta com a qual se identificou por tanto tempo, mas, em vez disso, que esse *self* é curioso, calmo, confiante, compassivo, criativo, claro, corajoso, agradável, generoso e alegre — e que sua essência está conectada a alguma espécie de princípio universal maior —, você se sente muito feliz.

Espiritualidade e o *Self*

Já abordei os tipos de espiritualidades que atraem exiladas, gerentes e bombeiros. E quanto ao *self*? Em suma, o *self* tem um desejo inerente de criar e facilitar o equilíbrio, a harmonia, a integridade e a cura em todos os níveis de um sistema.

Há algum tempo tenho me interessado pela combinação do IFS e medicamentos psicodélicos, porque eles parecem ter o efeito de ajudar as partes protetoras a relaxar rapidamente, de modo que as pessoas, em geral, tenham muito mais acesso ao *self* do que o normal. Há uma série de projetos de pesquisa demonstrando os benefícios dos psicodélicos, e muitos são descritos no famoso livro de Michael Pollan, *Como Mudar Sua Mente*.

Particularmente, tenho me interessado pelo uso do MDMA [ecstasy], porque, diferentemente de outros psicodélicos, quando as pessoas fazem seu uso, não alucinam nem deixam o corpo. Em vez disso, vivenciam sensação de paz interior, alegria, bem-estar e forte conexão e compaixão pelos outros. Em outras palavras, vivenciam as mesmas sensações que tenho descoberto sobre o *self*.

Há um estudo atual em especial (agora na fase III de testes) que analisa como o MDMA funciona em pacientes com TEPT [transtorno do estresse pós-traumático]. A pesquisa é liderada por Michael e Annie Mithoefer — dois terapeutas especializados em IFS. Eles não praticam o IFS com os participantes do estudo, a menos que comecem a identificar espontaneamente e trabalhar com uma parte. Em vez disso, apenas mantêm uma presença compassiva e não diretiva e deixam os participantes irem aonde quiserem. Em um estudo anterior, os Mithoefers descobriram que 70% dos participantes começaram a trabalhar espontaneamente com suas partes de forma amorosa, sem qualquer orientação.[1] Esse fenômeno pode sugerir que o que acontece no IFS é um processo natural que todos sabemos como fazer quando não estamos limitados pelos protetores.

Em geral, acho que as pessoas lideradas pelo *self* são atraídas por práticas, rituais e tradições religiosas que as ajudam a acessá-lo ainda mais e a sentir sua conexão com algo mais grandioso e universal (por exemplo, o que alguns chamam de Deus e ao que eu me refiro como *Self*). Elas também escolhem caminhos espirituais que as incentivam a trazer conexão, harmonia e cura às suas partes. Frequentemente praticam meditação, mas apenas formas que não desabonem ou bloqueiem partes. Se possível, a meditação, o mantra, o canto ou as práticas de meditação de atenção plena devem incentivar a divisão das partes, acalmar as protetoras e permitir que o *self* entre no corpo, para que a pessoa possa sentir a sensação de bem-estar, calma e amor que acompanha a corporificação do *self*.

Quando você acessa o *self* pela meditação, não é apenas uma maneira agradável de passar vinte minutos. Você também está demonstrando às suas partes que é benéfico para elas se dividir, pois sentirão o calor de sua presença em seu corpo, o que as tranquilizará e as ajudará a confiar mais em você. Também poderá ocorrer uma sensação mais profunda de como é ter acesso mais completo ao seu *self*. Conforme o dia passa, você pode observar o quanto está nesse estado ou não, e, se não estiver, pode lembrar às suas partes de abrir espaço e deixá-lo voltar.

Com certos tipos de meditação, você pode também entrar no estado de não dualidade, a experiência sem limites de unidade, na qual perde a noção de estar dividido e se funde com algo profundo. Tive uma experiência pessoal com esse estado tanto na meditação quanto com a substância psicodélica cetamina,* e é sempre profunda. Retornei com uma sensação de haver algo muito maior no universo do que nossos sentidos nos permitem experimentar, bem como com uma compaixão maior pela dificuldade de existência no plano terrestre, aliada a um compromisso de torná-lo melhor.

A física quântica nos diz que um fóton é tanto uma partícula como uma onda. Acredito que o mesmo seja verdade para o *self*. Na maioria das vezes, vivenciamos o *self* em seu estado de partícula — sentimos algum grau de conexão com os outros e o *Self*, ao mesmo tempo em que sentimos que somos entidades separadas com limites e atividades indivi-

---

* Cetamina — Medicação anestésica que causa sensação de "transe" no indivíduo e pode, ainda, fazer com que este se sinta em outra dimensão. Costuma ser consumida para alívio de dor e anestesia. Também pode ser encontrada em alguns medicamentos psiquiátricos, especialmente para tratar depressão. [N. da R.]

duais. No entanto, por meio da meditação ou dos psicodélicos, podemos perder esses limites e entrar no estado de onda — nos tornamos parte de um campo muito maior do *self* (*Self*) de uma forma que nos sentimos reluzir.

Na verdade, a física está reconhecendo cada vez mais esse estranho fenômeno, em que tudo é simultaneamente partícula e onda. Há um reconhecimento crescente de que tudo que parece sólido é, na verdade, parte de um campo vibratório. Como diz o importante físico teórico Sean Carroll: "Para compreender o que está acontecendo, você precisa, realmente, abandonar um pouco a noção de partículas." E sugere que, em vez disso, pensemos em campos. Já conhecemos os campos magnético e gravitacional, mas como Carroll destaca: "O universo está repleto de campos, o que consideramos ser partículas são apenas excitações desses campos, como ondas em um oceano. Um elétron, por exemplo, é apenas uma excitação de um campo elétrico."[2]

Nossas partes esquecem nossa conexão em estado de onda e podem nos fazer esquecer também.

Acredito que haja um campo de *self*. Podemos entrar nesse campo por meio da meditação, por exemplo, nos tornar parte desse campo e perder nosso aspecto de partículas. Nos tornamos uma não dualidade em estado de onda. Quando a meditação termina, retornamos ao aspecto de partículas e observamos que estamos em um corpo que está separado de tudo o mais. Nossas partes, principalmente quando carregam fardos, esquecem nosso campo ou nossa conexão em estado de onda e podem nos fazer esquecer também. À medida que nos separamos delas e acessamos o *self* mais puro, nos lembramos da conexão em estado de onda.

Como nossa partícula *self* é um aspecto de um campo vibratório, ela ressoará com o *self* de outras pessoas e de nossas partes. Como afirma o escritor científico Tam Hunt: "Todas as coisas em nosso universo estão em constante movimento, vibrando. Mesmo os objetos que parecem estar estacionários, na verdade estão vibrando, oscilando, ressoando em diversas frequências. Ressonância é um tipo de movimento caracterizado pela oscilação entre os dois estados. E, em última análise, toda a matéria é apenas vibrações de vários campos subjacentes. Um fenômeno interessante ocorre quando diferentes coisas/processos vibrantes se aproximam: em geral, eles começarão a vibrar juntos, depois de um tempo, na mesma frequência. Ficam sincronizados, às vezes de maneiras que podem parecer misteriosas. Isso é descrito hoje como o fenômeno de auto-organização espontânea."[3]

Descobri que ter essas experiências de campo ou de ondas e depois me lembrar delas me ajuda a manter o tipo de perspectiva de desapego a que o budismo se refere. Não desapegado em um sentido dissociativo, mas algo não reativo e equânime diante dos altos e baixos da vida. Em vez de me importar menos com o que acontece neste mundo, esse tipo de desapego ajuda a agir para melhorar o mundo com menos preocupação com minha imagem ou estilo de vida. Também acredito que parte da razão pela qual os psicodélicos são tão úteis para pessoas deprimidas ou que estão no final da vida é que as ajudam a manter a noção do estado de onda e a experimentar em primeira mão o que há muito mais além desta vida.

No entanto, precisamos de equilíbrio entre passar um tempo entre estado de onda e passar essa perspectiva e energia transcendente do *self* para nossas partes e para as pessoas que encontramos. Meditar pode ser um complemento maravilhoso para o trabalho interior do IFS. Tenho colaborado com dois professores de budismo tibetano — Lama John Makransky e Lama Willa Miller — para observar como suas práticas melhoram o processo do IFS e como o IFS pode ajudá-los a evitar o desvio espiritual e/ou o exílio de partes. Colaborei de forma similar com Loch Kelly, que é conhecido por sua forma de ajudar as pessoas a rapidamente obter o que ele chama de *vislumbres* do *self* por meio da adaptação da meditação budista dzogchen.

Alguns escreveram amplamente sobre a integração do IFS com o cristianismo.[4] Acredito que a adoração de Jesus e outros profetas liderados pelo *self* pode ajudar as pessoas a acessá-lo e inspirá-las a agir com altruísmo, desde que essa adoração não usurpe a confiança de suas partes em seu próprio *self*. Infelizmente, há denominações religiosas que fazem isso.

Meu Amanhecer Espiritual

Meu pai era um médico/pesquisador de endocrinologia e, como tal, era ateu científico. Era de Nova Iorque (cresceu no Brooklyn e no Queens) e foi criado por judeus conservadores que tinham imigrado da Hungria na adolescência. Meu pai renunciou à religião organizada quando era jovem e a culpou por muitos dos males do mundo. Sempre se considerou orgulhosamente judeu, mas um judeu secular, não um religioso. Fui altamente influenciado por ele. Minha mãe foi criada em uma casa cristã em uma fazenda de trigo em Montana; se converteu ao judaísmo para agradar aos pais do meu pai. E também não tinha fortes convicções religiosas.

Como nunca acreditei no Deus paternal, punitivo e em busca de adoração a que fui exposto no judaísmo e no cristianismo, considerava-me ateu e tinha pouco interesse em qualquer coisa espiritual. Tentei meditação transcendental depois da faculdade para ver se ajudaria com minha ansiedade, e de fato ajudou. Usando meu mantra, conseguia abandonar os problemas por vinte minutos, entrar em um estado totalmente agradável e sentir uma energia quente e vibrante percorrer meu corpo. Eu adorava a prática, mas evitava o misticismo hindu na qual estava inserida. Pratiquei a meditação transcendental regularmente por anos e depois parei, mas guardei na memória o estado maravilhoso que podia acessar.

Quando encontrei o *self* em meus pacientes pela primeira vez no início dos anos 1980, à medida que ajudava a fazer suas partes abrirem espaço interior, tentei sem sucesso ligar o fenômeno à teoria psicológica. A sabedoria predominante na psicologia do desenvolvimento e na teoria do desapego era a de que, para alguém ter esse tipo de força do ego, tinha que ter recebido uma criação *boa o bastante* dos pais quando criança. Em vez disso, eu tinha pacientes que haviam sido torturados diariamente quando crianças e, ainda assim, manifestavam o mesmo *self* sem danos.

Comecei a imaginar se aquele *self* era semelhante ao lugar ao qual a meditação transcendental me levava. Também tinha alunos na época que estavam estudando várias tradições espiritualistas. Um pensou que o *self* era como *atman* [palavra em sânscrito que significa alma ou sopro vital], e outro acreditava que era a natureza de Buda. Isso me encorajou a libertar meu fardo legado antirreligioso e buscar por analogias do *self* nas diferentes tradições espirituais. Na verdade, ele estava em toda parte, principalmente no lado contemplativo ou esotérico dessas tradições. Muitos aderiram à crença de que existe uma essência divina dentro de cada um, e comecei a considerar que eu tinha esbarrado em uma maneira de acessar essa essência nas pessoas muito mais rapidamente do que a maioria das tradições ensinam ser possível.

A maioria delas tinha o objetivo de superar a ignorância da sua natureza divina e, então, tomar consciência de quem você realmente é. Estava encontrando algo similar com meus pacientes. À medida que as pessoas começavam a perceber as partes e depois a se separar delas, tinham uma súbita mudança de identidade e percebiam então que não eram suas partes com fardos, e, em vez disso, eram o *self*. Parecia que eu tinha, inadvertidamente, encontrado uma maneira simples de alcançar o que muitas tradições chamavam de despertar.

Quando digo que você alcança o *despertar* fazendo esse trabalho, não significa que se transforma em um guru que mora no alto de uma montanha e reparte sua sabedoria com turistas. Nem quero dizer que será como Buda o tempo todo. O que eu acho é que essa simples mudança no sentido de quem realmente é começa a permear sua vida de várias formas positivas. Pode não mudar muito o funcionamento diário real da sua vida, mas é uma mudança drástica no sentido de ligação com a terra, bem-estar e no sentido de ter o direito de estar aqui. Para mim, isso é o despertar.

Quanto mais você se torna familiarizado com isso, mais facilmente consegue detectar quando se desvia do estado — quando está sendo "atacado pelas partes". Isso deixa de ser tão importante porque você sabe que é temporário e que pode se separar da parte e ajudá-la. E mesmo que não consiga se separar, confia que seu *self* ainda está lá e que retornará em algum momento. Muitos de nossos problemas não surgem tanto do ataque das partes, mas do nosso pânico por ele, pois acreditamos que isso nos define e que não acabará.

CAPÍTULO SETE

O *Self* em Ação

A essa altura, esperamos que você tenha uma ideia clara do que é o *self* e o que significa ser liderado por ele. Neste capítulo, quero examinar com mais profundidade como a liderança do *self* afeta sua vida interna e externamente.

A psicologia do desenvolvimento e a teoria do apego nos ajudaram a compreender que as crianças precisam de seus cuidadores à medida que se desenvolvem. O IFS pode ser visto como uma teoria do apego interna, na qual o *self* do paciente se torna uma boa figura de apego para suas partes inseguras e esquivas. Inicialmente, fiquei surpreso ao descobrir que, quando era capaz de ajudar os pacientes a acessarem seus *selfs*, eles começavam, de forma espontânea, a se relacionar com suas partes de maneira afetiva, exatamente do modo como os livros sobre teoria do apego preconizam. Isso foi verdade mesmo para as pessoas que nunca tiveram uma boa criação dos pais. Elas não só ouviam as suas jovens exiladas com atenção amorosa e as abraçavam pacientemente enquanto choravam, mas também disciplinavam com firmeza, porém com amor, as partes com papéis de críticos ou distratores internos. O *self* sabe como ser um bom líder interno.

O IFS pode ser visto como uma teoria do apego interna.

Então, por que isso é importante? Por um lado, se puder se tornar o que eu chamo de cuidador primário de suas partes, você libertará parceiros íntimos (terapeutas, filhos, pais etc.) da responsabilidade de cuidar das exiladas carentes. Então essas pessoas podem agir como cuidadoras secundárias de suas partes, o que é um papel muito mais agradável e viável.

A maioria de nós tem isso de forma contrária. Nossas exiladas não confiam em nosso *self*, e, consequentemente, elas e as protetoras, que tentam acalmá-las, procuram fora de nós aquilo de que precisam. Quando encontramos uma pessoa que se assemelha ao perfil que as exiladas têm de seu protetor, redentor ou amante, elas se sentem eufóricas, apaixonadas e aliviadas. Por meio do que chamamos de transferência positiva, nossas partes exibem imagens distorcidas para essas pessoas, que não conseguem evitar frustrar essas expectativas extremas. Em seguida, ocorre a transferência negativa de protetoras raivosas.

Na verdade, há uma série de pessoas dando *workshops* sobre pais liderados pelo *self*. Quando isso ocorre, eles se relacionam com as crianças externas da mesma forma que fazem com as internas — com paciência, calma, clareza, amor, firmeza e segurança.

Quero voltar brevemente ao assunto da visão partícula/onda do *self*, que mencionei no capítulo anterior. Quando se trata do *self* em ação, o melhor a fazer é aplicar um pouco dessa experiência em estado de onda — espaço mais amplo, equanimidade, bem-estar e interconectividade — à nossa vida diária. Com essa percepção de consciência expandida, é muito mais provável que tenhamos compaixão pelos outros, porque, de alguma forma, nos lembramos de que eles somos nós.

Quando vemos outras pessoas como seres de mente única totalmente dissociadas, é difícil não as totalizar. Nós as veríamos como narcisistas, psicopatas ou racistas e perderíamos a oportunidade de nos conectar com outras partes delas. Quando solidificamos alguém de forma particular, sem prestar atenção aos seus sistemas internos de exiladas e protetoras, é extremamente difícil manter nosso coração aberto e agir em relação a elas de forma eficaz.

No momento em que escrevo este livro, o então presidente norte-americano Donald Trump é um exemplo disso para mim. Algumas de minhas protetoras podiam totalizá-lo e vê-lo como uma dessas categorias de diagnósticos. E se eu tivesse a oportunidade de encontrar com ele, meu objetivo, provavelmente, seria envergonhá-lo para fazê-lo mudar, o que, na certa, seria um tiro no pé — por causa do jeito que ele reage a tentativas de envergonhá-lo. Mas eu poderia fazer algo inteiramente diferente. Se, em vez disso, adotasse a perspectiva de multiplicidade inerente ao IFS, então conseguiria ver por trás de suas protetoras e saber que elas estão apenas tentando mantê-lo seguro e fazê-lo se sentir melhor. Elas estão tentando lidar com suas exiladas, que o fazem se sentir tão desvalorizado, e, sem dúvida, estão presas em lugares horríveis de sua infância. Essa abordagem diferente é como uma boa paternidade — posso ter compaixão pelo homem, enquanto ainda me sinto perturbado com os danos que suas protetoras estão criando e trabalhando para detê-las.

Há alguns anos venho ensinando ativistas sociais a liderarem pelo *self*. Em minha experiência, muitas pessoas se tornam ativistas porque foram muito magoadas no passado, carregam muitas exiladas e, consequentemente, têm protetoras que não querem que mais ninguém sofra como elas sofreram. Como consequência, o ativismo é, às vezes, liderado pela protetora, o que pode polarizar ainda mais as questões e alienar aliados em potencial. Isso é, certamente, compreensível, mas acho que podemos fazer melhor. Como Charles Eisenstein observa: "Nós vemos, repetidamente, dentro de organizações ambientais e em grupos políticos de esquerda as mesmas intimidações de subalternos, tomadas de poder, rivalidades egocêntricas que vemos em todos os lugares. Se isso acontece em nossas organizações, como podemos esperar que não aconteçam no mundo que criamos? Deveríamos sair vitoriosos?"[1]

Isso vale para mim também. Embora aspiremos ser liderados pelo *self*, no IFS Institute certamente temos nossos próprios pontos cegos, e — já que sou o líder — muitos deles se refletem em minhas próprias partes que carregam fardos. A crescente consciência dessa dinâmica me inspirou a me comprometer a trabalhar continuamente comigo mesmo, assim como com os membros de minha equipe administrativa e de treinamento.

O Self em Ação   113

Sessão Três: Ethan e Sarah

Incluí a transcrição a seguir, pois ela ilustra o trabalho com ativistas sociais. Ela também demonstra claramente muitos aspectos do IFS relacionados à espiritualidade e ao *self*, dos quais apenas falamos até agora.

Ethan e Sarah Hughes (seus nomes reais) são líderes do movimento de viver fora da rede.* Eles levam uma vida simples em uma pequena propriedade rural, vivem sem eletricidade, usam velas à noite. Cozinham e aquecem sua casa com um fogão à lenha, mantêm a comida fresca em uma adega subterrânea e utilizam bicicleta e transporte público, em vez de carro. Vivem abaixo no nível da pobreza deliberadamente, para não precisarem pagar imposto de renda — ou, como Ethan diz, *imposto de guerra*. Recebem mais de 1.500 visitantes por ano, que vêm para se inspirar e aprender como eles vivem. Dessa forma, Ethan e Sarah estão criando um modelo de como é possível sair do ritmo frenético e acelerado de nossa vida e acessar outras partes de nós mesmos. Quando as pessoas ficam com a família Hughes, muitas vezes ficam espantadas com a rapidez com que passam a apreciar esse estilo de vida sustentável, que respeita e as conecta à Terra.

Ethan e Sarah têm estudado sobre o IFS, mas não o tentaram ainda. Esse foi meu primeiro encontro com eles.

ETHAN: Acho que uma das questões recorrentes é que uma parte, que eu chamo de *destruidor de injustiça,* ataca qualquer coisa, incluindo a Sarah, se perceber que está apoiando a supremacia branca ou o classismo. Um exemplo é que somos uma família de quatro pessoas em uma casa de 46m^2 e Sarah quer aumentá-la. Digo a ela que temos que viver em um lugar menor e que há pessoas desabrigadas, mas isso cria muita desarmonia entre nós ou até coisa pior.

DICK: E com que frequência você diria que isso vem à tona?

E: Quase nos separamos há dois anos e desde então eu me seguro bastante.

SARAH: É, nós dois nos seguramos. E quando isso acontece, não conversamos sobre o assunto. Mas a estrutura do IFS é superútil para que

---

* Estilo de vida que se caracteriza pela rejeição aos produtos industrializados, pelo consumo de produtos artesanais (produtos naturais e orgânicos), pela vida em comunidades em que todos os ditames do capitalismo são deixados de lado. [N. da R.]

compreendamos o que está acontecendo. Não tínhamos essa ferramenta antes.

D: Então, Sarah, quando você percebe a presença dessa parte do Ethan, o que acontece dentro de você?

S: Tenho uma raiva que vem à tona, mas isso não é seguro para mim, então preciso silenciá-la. Por isso tenho uma raiva silenciosa. Também tenho uma parte dissociativa que pode me afastar ou ajudar a esquecer o nosso conflito, assim posso me abrir com ele novamente. Tenho um coração realmente sensível e gosto de mantê-lo aberto. Então, quando a parte destruidora surge, eu fico [*faz um som ofegante*] assim. Sinto um aperto na garganta.

D: Certo, bom, vocês estão bem à frente no jogo, pois já sabem quem são os jogadores. Então, Ethan, você tem esse destruidor de injustiça. Quando Sarah reage a isso assim, o que acontece dentro de você?

E: Fico muito triste, porque parece que minha parte não tem espaço, então começo a pensar que não deveria estar com a Sarah. Ela tem muita ternura por esse guerreiro impetuoso aqui. Sinto que estou magoando alguém que amo muito. Então preciso me fechar.

D: Você sente que não devia estar com a Sarah porque vê o dano que causa. E não quer continuar causando isso.

E: Mas também não quero me livrar.

D: Você quer que essa parte ganhe espaço.

E: É, tem sido meio que uma dança, às vezes uma luta. Quero pedir desculpas.

D: Certo, faremos isso. Vamos ver que tipo de reparo podemos fazer agora mesmo. Está aberta a isso, Sarah? [*Ela assente*]

S: Vá em frente, Ethan.

E: [*Chorando*]

D: Que bom, fique com essa tristeza. Isso é ótimo.

E: [*Ainda soluçando*] O que vem à tona é que eu sei o quanto você ama o mundo. O quanto chora, porque os monarcas estão morrendo. Você chorou quando aquele sapo ficou extinto. Sinto muito. É como se houvesse dois lados dessa parte — um tentando proteger o mundo para você e outro a magoando. Tudo isso parece tão sagrado, estou tentado há tantos anos...

D: Que ótimo, eu o interromperei um minuto. Sarah, como foi ouvir isso?

S: Eu me senti muito comovida quando você disse que quer me proteger porque sabe que eu amo tudo intensamente.

D: Então, você entende que essa é a intenção dessa parte.

S: Sim, conheço essa parte. Ela às vezes é prejudicial, mas é também uma das razões pelas quais eu o amo.

D: Portanto, estou inclinado a fazer um trabalho com essa parte, o destruidor. Está pronto, Ethan?

E: Estou.

D: Bem, enquanto fazemos isso, é importante que você, Sarah, fique em *self*. Certo, está pronto?

E: Sim.

D: Encontre o rapaz dentro ou ao redor do seu corpo. O destruidor de injustiça. Onde você o sente?

E: Bem aqui [*apontando para o peito*].

D: E quando o percebe, como se sente em relação a ele?

E: Sinto gratidão e medo ao mesmo tempo.

D: Vamos até a parte que sente medo para ela nos dar espaço para conhecê-lo. Essa parte pode ir para uma sala separada — não precisa participar. Ela pode confiar em você e em mim para ajudar a parte destruidora.

E: Certo, tudo bem se eu pedir para a parte com medo se afastar e observar?

D: Claro, totalmente. Agora, como se sente em relação ao rapaz?

E: O que está vindo à tona é que eu quero que ele tenha um lugar de poder em um mundo que precise dele, mas de uma forma que não desanime nem amedronte ninguém.

D: Muito bem. Fale para ele que essa é a sua intenção. E que o valoriza e se sente grato a ele. Veja como ele reage.

E: Ele não acredita completamente em mim porque eu o silenciei muitas vezes.

D: Certo, diga que consegue compreender que é difícil para ele confiar no que você está dizendo. Porque você o silenciou. Faz sentido que ele tenha dificuldade em confiar em você, não?

E: Sim.

D: Então, nós só trabalharemos na reparação de seu relacionamento com ele de forma semelhante a que fez com Sarah. Veja do que ele precisa para confiar em você de novo.

E: Ele está dizendo que está comprometido em não me deixar cair no sono. Ele precisa confiar que me lembrarei de ficar comprometido com a justiça verdadeira por toda a vida.

D: Certo, o que tem a dizer a ele sobre isso tudo?

E: Acho que ele está certo, mas tenho me sentido tão isolado por causa de suas escolhas que foram feitas por amor, mas depois acaba atingindo as pessoas — minhas tentativas apenas trazem à tona outras partes de outras pessoas. Ele está certo de que há outras partes que querem dormir por um tempo — que têm medo de não terem vínculos.

D: Então temos essa polarização acontecendo interiormente. Muito bem, fale para a parte que há outras partes que não estão contentes por ele fazer isso com as pessoas. E que você entende porque é difícil para ele confiar em você.

E: [*Chorando*] Ele está dizendo que sabe o quanto eu amo o oceano e não quer que eu tenha que explicar às minhas filhas por que não há mais peixes no oceano.

D: Certo, diga que sabemos o quanto ele se importa e quanto realmente quer que as coisas mudem e melhorem. O quanto ele está comprometido com isso. O quanto admiramos esse aspecto. Como ele está, como está reagindo?

E: Está animado por poder sair. E disse que está feliz por trabalhar comigo.

D: Que bom. É exatamente isso que estamos tentando fazer, conseguir que ele não precise assumir tudo o tempo todo e, em vez disso, trabalhar com você e, talvez, deixar você falar por ele. Veja se ele entendeu.

E: Sim. Ele está vendo grande potencial nisso. Ele continua mostrando imagens e está dizendo: "Que diabos estamos fazendo? Vamos preparar a comida, assim o pessoal da cozinha desse retiro, que são em sua maioria pessoas afro-americanas marginalizadas, pode entrar e começar o trabalho."

D: É difícil para ele até mesmo desfrutar disso. Pergunte se ele protege outras partes. Se está disposto a revelar.

E: Há uma parte que só chora, se encolhe que nem uma bola o dia todo e nem se mexe.

D: Certo, pergunte se podemos ir até essa parte e curá-la, para que não se sinta mais assim e melhore. Ele conseguiria relaxar um pouco mais? Não estamos pedindo que mude seu papel — só estamos perguntando se ele estaria disposto a relaxar um pouco mais e confiar mais em você para falar por ele.

E: Ele está dizendo que na última vez que cheguei perto dessa parte, chorei durante um mês — quatro horas por noite —, diz que não há espaço para choro quando tudo está morrendo.

D: Então diga que, se nos der permissão, isso não acontecerá. Em vez disso, vamos até esse menino, sem sermos sobrecarregados por ele, e o tiraremos de onde estiver preso. Vamos tirar muita da tristeza que ele carrega. Veja o que o destruidor acha disso.

O Self em Ação 117

E: Ele concorda em tentar.

D: Ficamos muito gratos. Antes de começarmos, veja se tem mais alguma parte que esteja com medo de nos deixar ir até esse menino.

E: As outras parecem animadas.

D: Bom. Que ótimo. Você está pronto?

E: Sim.

D: Concentre-se no menino encolhido como uma bola, encontre-o em seu corpo ou ao redor dele. Como se sente em relação a ele quando o percebe?

E: Lamento muito que ele tenha que vir a um mundo como esse.

D: Muito bem, então fale isso para ele. Que o mundo é muito ruim. Que ele não teve escolha. Veja como ele reage à sua compaixão.

E: Ele olhou um momento para cima, para longe de onde está.

D: Certo. E, em metros, o quanto está distante dele.

E: Cerca de 1,5 metro.

D: Ótimo. Então agora estenda essa compaixão a ele, até que comece a confiar que não está mais sozinho. Que você está ali.

E: Ele disse que não pode sair sem seu pai.

D: Sem o pai dele? Diga a ele que compreendemos o quanto ele precisa do pai. Diga que compreende. Mas que, se achar verdadeiro, se achar correto, diga que pode ser um pai para ele, se quiser.

E: Ele parou de chorar.

D: Ótimo. Ainda está a 1,5 metro de distância?

E: Estou ajoelhado um pouco mais perto.

D: Bom, isso é muito bom. Então continuaremos assim até que ele confie em você como alguém que pode cuidar dele como um pai.

E: Estou abraçando ele agora.

D: Bom. Como ele está reagindo?

E: Está chorando um pouco de novo.

D: Fale para ele que não tem problema chorar. Acha que não tem problema em sentir alguns de seus sentimentos agora?

E: [*Chorando*] Sim.

D: Isso é muito bom. Fale para ele que entende o fato de ele carregar uma quantidade enorme de tristeza.

E: Ele está me abraçando muito forte.

D: Está abraçando forte?

E: Sim.

D: Que ótimo. Está pronto para perguntar o que ele precisa que saiba sobre o que aconteceu com ele?

E: Sim.

D: Peça para ele deixar, de verdade, que você sinta, veja e tenha essa sensação, para que conheça toda a tristeza e o quanto é ruim.

E: Ele se sente incompreendido.

D: Por você ou por outras pessoas?

E: Outras pessoas.

D: Certo, diga a ele para mostrar para você. O que aconteceu para ele se sentir tão incompreendido.

E: [*Chorando*] Ele disse: "Por que todos têm que beber, dirigir e matar pessoas?" E disse que isso é uma merda.

D: É, é uma merda. Fale que essa é uma boa pergunta.

E: Ele disse que a mãe e o irmão não o compreendiam.

D: Não o compreendiam ou não compreendiam alguma coisa?

E: Está dizendo que é uma merda que as pessoas façam isso.

S: O pai dele foi atropelado por um motorista bêbado.

D: Entendi, estava imaginando isso. Quantos anos você tinha, Ethan?

E: Treze.

D: Certo, muito bem. Diga a ele para prosseguir, isso é muito bom. Peça para deixar você sentir, ver e ter a sensação toda. Diga para continuar a mostrar qualquer coisa que precise que você compreenda.

E: Estou triste por ninguém nunca ter me ensinado como ficar com ele.

D: Certo, diga para ele que sente muito por não ter sido capaz de ficar com ele dessa forma. Por todos esses anos. Fale que sente muito por ele ter ficado preso ali.

E: Ele está relaxando um pouco.

D: Que ótimo.

E: Ele tem treze anos, mas é pequeno.

D: Certo. Pergunte se você já viu o quanto foi ruim para ele, ou se tem mais.

E: Ele está dizendo o quanto foi difícil ir para uma escola pública. [*Chorando*] Que depois do desastre todos estavam contando o quanto estavam estressados. Os professores nem falaram com ele.

D: Os professores não falaram com ele.

E: Como se nada tivesse acontecido. Parecia que ele estava em uma maldita prisão.

D: Certo.

O Self em Ação   119

E: Ele odiou ter que ir àquela porcaria de shopping.

D: Diga que está entendendo.

E: Tem mais uma parte, uma que se sente parcialmente responsável.

D: Pelo acidente.

E: Sim.

D: Pergunte o porquê.

E: Porque seu pai o convidou para ir ao jogo de basquete na noite que sofreu o acidente. Ele preferiu jogar videogame com outras pessoas.

D: Então, se tivesse ido com o pai, o acidente não teria acontecido? Qual a lógica?

E: Só o que estou ouvindo é que superficialidade mata.

D: Entendi, certo. Faz sentido que ele acredite nisso?

E: [*Assentindo*]

D: Diga que compreende. Por isso ele tem sido antissuperficialidade desde então. Faz sentido. Muito sentido. Então, Ethan, o que diz para ele quanto a ser sua culpa?

E: Digo que não é culpa dele.

D: Certo. Precisamos continuar assim até ele acreditar. Como ele reagiu quando falou?

E: Está se desculpando por ter caído na superficialidade da cultura.

D: Está se desculpando. Não estou entendendo isso direito.

E: Foi o que veio à tona, ele lamenta ter sido envolvido. Foi a primeira vez que meu pai me convidou. Ele era técnico do time de basquete do ensino médio e foi a primeira vez que me convidou para ir a um jogo.

D: Ele preferiu algo superficial em vez disso.

E: Sim, ele queria que eu fosse no jogo, mas outras pessoas ficaram falando: "Que nada, vamos jogar videogame." E fui envolvido pela cultura.

D: Certo, diga que entende. Diga que entende por que ele se sente tão culpado. [*Pausa*] Como ele está agora?

E: Está calmo de novo.

D: Bom. Veja se ele sente que você entendeu tudo o que ele queria.

E: Ele disse que sim.

D: Certo, ótimo. Então, Ethan, quero que volte àquele momento e fique do jeito que ele precisava que alguém ficasse e me diga quando chegar lá com ele.

E: Eu me vejo em frente à cama, ele está chorando, tem mais alguém e estou olhando para ele.

D: Você está se vendo? Então peça à parte que está tentando fazer isso por você, que deixe que o faça, para que não veja a si mesmo — você está dando apoio a ele. Avise-me quanto estiver dentro do quarto.

E: Certo.

D: Como você está com ele?

E: Ele está chorando um pouco e estou com minhas mãos sobre seus pés.

D: Perfeito. Fique com ele assim.

E: [*Pausa, respirando*]

D: Ele pode dizer que o está apoiando?

E: Sim.

D: Ele está feliz?

E: Sim.

D: Certo, ótimo. Agora pergunte se tem mais alguma coisa que ele queira que faça com ele ou por ele antes de nós o levarmos para um lugar bom e seguro.

E: Ele quer que eu o abrace.

D: Vá em frente e o abrace.

E: Ele quer que eu diga que tudo dará certo.

D: Certo, vá em frente e faça as duas coisas.

E: [*Pausa, choramingando*] Está alternado entre eu abraçá-lo e me observando abraçá-lo.

D: É aquele cara, seja firme com ele. Compreendemos que ele quer ajudar. Fale que não precisa, que consegue lidar com isso sozinho.

E: Certo.

D: [*Pausa*] Como ele está com você agora?

E: Disse que não quer ficar sozinho.

D: Certo. Pergunte se tem algo mais que ele queira que você faça com ele ou por ele aí antes de o levarmos para um lugar melhor. Ele precisou que falasse com a família por ele?

E: Está perguntando onde minha mãe está, que está sozinho e já é tarde.

D: Certo. Ele quer que a traga ou só quer que explique?

E: Bem, estou dizendo agora que a mãe não o apoiou muito porque ficava muito tempo fora trabalhando.

D: Certo.

E: Ele está perguntando por que os vizinhos não apareceram.

D: E o que você disse?

E: Que eles tinham seus próprios problemas.

D: Diga que ele devia ter tido alguém do lado dele, que ele merecia isso.

E: [*Pausa*]

D: E que agora ele tem você.

E: Ele sorriu pela primeira vez.

D: Ótimo. Certo. Veja, se ele estiver pronto, o levaremos para algum lugar que ele queira.

E: Está sim.

D: Para onde ele quer ir? Pode ser no presente ou algum lugar imaginário.

E: Ele quer nadar no oceano.

D: Ótimo. Vamos levá-lo para o oceano. Mas depois que nadar, diga que ele nunca mais precisará voltar para lá e que você tomará conta dele. Pergunte a ele se está pronto para se libertar dos sentimentos e crenças que tinha no passado.

E: Ele está pedindo, dizendo que quer muitas tartarugas, algas marinhas e golfinhos. Que quer que o oceano seja como antes.

D: Certo, arrumaremos isso para ele.

E: Ele está feliz por ver tanta vida.

D: Que ótimo. Pergunte novamente se ele está pronto para se libertar disso tudo.

E: Sim.

D: Onde ele carrega? Está no corpo ou em torno dele?

E: Está atrás da cabeça.

D: Onde ele gostaria de libertar? Na luz, na água, no fogo, no vento, na terra ou em outro lugar?

E: Na água.

D: Certo, então diga a ele para deixar tudo isso sair da parte de trás de sua cabeça e deixar o oceano levar.

E: Ele libertou um pouco, mas tem alguns que ele não quer esquecer.

D: Certo. Ele quer se agarrar às memórias?

E: Ele disse que pode colocá-las em uma canoa.

D: Então coloque-as em uma canoa. Vamos fazer isso. Vamos tirá-las da parte de trás da cabeça e colocá-las na canoa.

E: Ele percebeu que tem mais no coração e no estômago.

D: Certo, deixe tudo sair. Não precisa mais carregar nada disso.

E: [*Pausa*] Ele está flutuando.

D: Que ótimo. Que maravilha.

E: Está empurrando a canoa para longe.

D: Que ótimo. Maravilha. Como ele está se sentindo?

E: Está sorrindo, não está chorando, mas ainda está se sentindo um pouco triste.

D: Ele quer libertar essa tristeza ou quer expressá-la para você?

E: Ele quer libertar.

D: Certo. No oceano também ou na canoa?

E: No oceano. Ele quer meu pai.

D: Ethan, tem uma coisa que podemos fazer quanto a isso. Você pode convidar o espírito do seu pai para vir, ele pode vir ou não. Pergunte se ele quer pedir para o espírito do seu pai vir.

E: Ele quer.

D: Certo, então fale para ele pedir. E veremos se o espírito do seu pai surgirá.

E: Ele está aqui.

D: Que bom. Que ótimo. Veremos se tem algo que seu pai queira que o menino saiba. Se o menino quer perguntar alguma coisa.

E: Ele está sorrindo para o menino e está feliz em vê-lo. Está em um barco a remo e sorrindo.

D: Bom. O menino quer dar a ele essa tristeza? O que o menino quer fazer com a tristeza?

E: O menino está perguntando ao meu pai se, caso ele der a tristeza para ele, se eles perderão contato.

D: O que seu pai respondeu?

E: Ele disse: "Estou aqui o tempo todo."

D: Certo. E como foi para o menino ouvir isso?

E: Ele subiu no barco a remo junto com meu pai [*chorando*]. Ele gosta de ser abraçado pelo meu pai.

D: Ótimo. Muito, muito bom.

E: Agora ele está estendendo a mão e me chamando.

D: Ótimo.

E: Está falando para eu ir até lá.

D: Certo, você pode ir até lá também.

E: [*Chorando e respirando profundamente*] Estou abraçando o menino agora, meu pai está olhando e sorrindo.

D: Bom, Ethan. Vamos convidar o menino do início, o destruidor de injustiça, para vir ver o menino. Veja como ele reage.

E: Há mais partes ali, e estão felizes olhando para ele.

D: Que ótimo.

O Self em Ação   123

E: Uma delas está dançando. [*Respirando*] O destruidor não está dançando, mas está meio sorrindo e assentindo. Seus braços estão cruzados [*risos*].

D: Que bom.

E: Acho que ele está meio impaciente.

D: Acho que para ele o que estamos fazendo é indulgente.

E: Ele está sorrindo e rindo um pouco comigo agora.

D: Pode perguntar a ele se gostaria de libertar-se de qualquer coisa que carregue que não lhe pertença.

E: Sim, um fardo.

D: Onde ele está carregando, sobre o corpo ou dentro dele?

E: No pescoço e nas costas.

D: Sabe o que isso significa?

E: Que a proteção da vida é com ele.

D: Certo, isso mesmo. Onde ele gostaria de libertar o fardo?

E: Vejo a imagem de uma montanha enorme, como se fosse metade montanha e metade mulher.

D: Diga a ele para libertar o que tem em seu pescoço e nas costas na mulher-montanha.

E: Ele está ajoelhando e enterrando no chão, como se fosse uma espada sagrada.

D: Bom.

E: Ele está olhando para cima só para ter certeza de que é a coisa certa a fazer por ela.

D: O que ela disse?

E: Nada verbal, mas é um sim.

D: Ótimo.

E: Ele quer pegar a espada, mas quer que eu saiba realmente que ele quer fazer algo pela luz.

D: Certo, diga que vocês podem descobrir o que é, que não precisam fazer isso agora. Como ele se sente sem a espada?

E: Bem mais leve, mas ele quer um propósito.

D: Do tipo, o que vou fazer agora?

E: Sim, quer ficar com alguma coisa.

D: Na ausência da espada, Ethan, diga a ele que pode pedir o que quiser de dentro do seu corpo, inclusive o propósito, e veja se algo vem à tona.

E: A deusa da montanha deu a ele uma bola de luz que estava segurando.

D: Certo, que ótimo. Como está a bola de luz?

E: Está brilhando.

D: Ótimo, maravilha.

E: Ele está sorrindo. Não quer parar.

D: Certo, diga a ele que não precisa parar. Ele pode ficar segurando-a. Sente que está tudo completo agora?

E: Acho que sim [*rindo*]. Eu gostaria de me ligar a você [*para Sarah*] de alguma forma.

D: Sinta-se livre.

S: Quer que vá até você?

E: Seria ótimo se pudesse sentar no meu colo [*chorando*].

S: [*Senta no colo dele e acaricia sua cabeça*]

Essa sessão ilustra muitas das ideias e dos processos que tenho comentado até aqui, assim como alguns fenômenos que ainda não exploramos. Quero começar fazendo duas advertências: primeiro, nem todas as sessões vão tão bem. Ethan e Sarah tinham a vantagem no sentido de já estarem trabalhando com o IFS havia algum tempo, conheciam as partes importantes e já estavam assumindo a responsabilidade por seus próprios papéis no conflito. Além disso, as partes de Ethan já confiavam em seu *self* o suficiente para se afastarem quando pedimos, e, inicialmente, nem sempre este é o caso. Segundo, encorajei Ethan a ir ao seu exílio — a parte chorosa que se encolhia como uma bola —, e, como já enfatizei antes, eu o aconselho a não fazer isso sem ajuda. Incluí essa sessão apenas para mostrar-lhe que é possível — não para exemplificar como fazer.

Eis aqui uma reflexão que Ethan compartilhou comigo depois: "A partir do momento em que a libertação dos fardos ocorreu, notei uma ampliação de espaço em meu ser quando as questões de justiça se apresentavam. O fogo pela justiça e o fim do sofrimento ainda ardiam ferozmente, mas o fogo foi compartilhado com outros, em vez de arder contra eles. A mudança foi de *domínio* (Eu vejo a injustiça, e você não vê. Agora eu lhe mostrarei!) para *estímulo* (Eu vejo a injustiça e você não vê. Agora serei gentil e atencioso com você para ajudá-lo a vê-la ou discernirmos juntos se a injustiça está realmente acontecendo). Tornei-me mais eficaz na administração dessas situações por causa dessa abertura. Parece que

O Self em Ação 125

antes da libertação dos fardos, meu fogo por justiça estava em uma sala pequena, as pessoas eram arrastadas para dentro dela e ficavam muito desconfortáveis (calor, queimaduras, sufocamento), e agora, depois da libertação dos fardos, o fogo está fora, na amplidão e na imensidão ao redor. As pessoas são convidadas a sentar junto ao fogo. Tornou-se uma fogueira que dá vida, e as pessoas podem escolher livremente a qual distância do fogo precisam ficar para se sentirem confortáveis. Posso ver claramente que é o que meu *self* quer. Ao voltar para casa, o campo de energia ao redor do meu corpo foi alterado por causa da libertação dos fardos. Novas pessoas e oportunidades foram atraídas para a minha vida, como: trabalhar com mulheres indígenas para formar uma comunidade e ser convidado para dar um maior suporte à comunidade homossexual e trans no Maine. Minha energia em torno do trabalho da justiça está agora mais fundamentada e limpa, e acredito que as pessoas de posições e comunidades oprimidas podem senti-la."[2]

Como muitas coisas aconteceram nessa sessão, quero destacar alguns aspectos. O início ilustra como a terapia de casal do IFS frequentemente funciona. Perguntamos sobre as partes de cada um que entram em conflito com o outro. Quando fica claro que, ao transformar a parte de um, produzirá uma grande mudança, pedimos para começar com essa. Se estivéssemos fazendo terapia de casal, provavelmente trabalharíamos com as partes da Sarah na sessão seguinte.

Nossa transição em trabalhar com o destruidor de injustiça de Ethan ilustra muito do que já mencionei nas páginas anteriores, ou seja, que essa é a espécie de protetora que acho que domina muitos ativistas sociais. É crucial pedir permissão às protetoras para curar o que elas protegem (ou seja, prestigiando seu trabalho sem ter expectativas ou pedir que elas mudem). Garantimos às partes que estão seguras nos deixando ir àqueles lugares.

Há certas etapas para curar uma exilada — nesse caso, fazer o *self* de Ethan ter uma relação de confiança com a parte de treze anos, observar o que aconteceu com ela no passado e os fardos que acumulou (por exemplo, suas crenças sobre sua responsabilidade e seu ódio pela superficialidade), resgatar o menino do passado e ajudá-lo a libertar-se de seus fardos, depois trazer as protetoras para que possam ver que não precisam mais fazer seu trabalho.

E depois, há os aspectos mais espirituais aos quais me referi, aqui envolvendo o espírito do pai de Ethan. Em meu trabalho, tive muitas experiências com pacientes em que a imagem de um parente falecido surge espontaneamente, como o momento que Ethan vivenciou, e tem efeito benéfico. Aprendi a perguntar aos pacientes se estão interessados em convidar um visitante como esse, se tiverem grande acesso ao *self* e acharem que isso pode ser útil. Na maioria das vezes, a imagem da pessoa aparece rápido e — diferentemente de quando estavam vivas — parecem estar sem fardos e em *self*, como foi o caso do pai de Ethan.

Que fenômeno é esse? É imaginação do paciente ou outra parte desempenhando o papel do pai falecido? Ou é mesmo o espírito do pai? Não finjo saber a resposta. Sou um empírico no sentido de me esforçar para estudar esses fenômenos sem presunção. Meu pai era um bom cientista, e um de seus conselhos mais importantes para mim foi para seguir os dados, mesmo que me levassem muito além do meu paradigma. Nessa aventura do IFS, isso tem ocorrido repetidas vezes, e essas experiências, nas quais os parentes falecidos aparecem, ilustram isso. Sou também pragmático, portanto, se essas visitas parecem ajudar, sigo com elas. Em minha experiência, esse fenômeno parece ajudar muito os pacientes.

Mais tarde na sessão, quando Ethan liberta a protetora de seus fardos, ele espontaneamente parece ver a imagem de um ser metade montanha e metade mulher — uma figura que chama de deusa da montanha. Ela dá à protetora uma bola de luz, quando ele pede um propósito. O que é isso? É outro fenômeno que ocorre espontaneamente com muitos pacientes. Em pontos cruciais, aquilo a que as pessoas se referem como guias virão e as ajudarão. Também não direi que sei do que se trata. Essa é uma parte da aventura desse trabalho — nunca se sabe o que médico e paciente encontrarão em seu mundo interior. O importante é ser curioso e ver se o que surge parece ser útil ou não.

Quero acrescentar que essas experiências aparentemente místicas não acontecem apenas com pessoas que acreditam nessas coisas. Trabalhei com ateus e pacientes cujas crenças religiosas excluem tais coisas, e muitos, no início, reagem com raiva ou medo.

Às vezes, penso nos xamãs — pessoas que trabalham regularmente com espíritos ancestrais e entidades semelhantes à deusa da montanha de Ethan. Alguns acreditam que existe um universo ou reino alternativo onde podemos acessar várias práticas — batuque, canto, dança, oração, ingestão de plantas alucinógenas, hiperventilação, privação de sono, sonhos, jejum, rituais, e assim por diante. Será que simplesmente nos concentrando em nossas partes podemos entrar nesse mesmo reino?

Tornar-se Liderado pelo *Self*

O destruidor de injustiça preferencialmente se sentirá menos impelido a assumir o controle de forma crítica ou nervosa do jeito que fazia antes. Em vez disso, confiará que o *self* de Ethan falará e agirá por ele e assumirá um papel mais de conselheiro. Manterá sua paixão pela justiça e seu amor pelas pessoas e pela Terra, mas confiará na coragem, clareza, confiança e compaixão de Ethan para expressar efetivamente suas crenças e alcançar seus objetivos.

Além das oito palavras com C que descrevem o *self*, também identifiquei cinco outras que começam com P: paciência, persistência, presença, perspectiva e prazer. Ativistas sociais liderados pelo *self* são capazes de se basear nesses aspectos também. Como o *self* pode manter uma perspectiva abrangente, pode-se ser paciente e persistente em suas realizações, sem a urgência fortemente associada que tende à polarização. Com a perspectiva do IFS, evita-se o pensamento da mente única, que faz as pessoas classificarem umas às outras, e, em vez disso, pode-se ver além das protetoras e das exiladas de seus oponentes, que os levam aos extremos, e ter compaixão por eles. Quando está presente no *self*, pode ser bem contundente sem agravar conflitos, porque o outro não se sente denegrido.

Liderar a partir do *self* em meio a conflitos torna-se um objetivo em si mesmo. Por exemplo, quando tenho uma discussão com minha esposa, peço para minhas partes se afastarem e me deixarem ficar para me comunicar com ela, e não simplesmente fazê-la se acalmar e ser mais agradável (embora, muitas vezes, tenha esse impacto). Em vez disso, faço isso para convencer ainda mais minhas partes de que posso liderar meu sistema. Portanto, o objetivo torna-se manter a presença do *self* independentemente de como o outro esteja se comportando.

Para isso, é útil que suas partes percebam que você não é mais criança e que, como o seu *self*, tem fortes atributos e pode ser assertivo quando necessário. Muitas vezes as protetoras menosprezam alguns desses atributos. Por exemplo, acham que você é um poço sentimental de compaixão passiva com limites permeáveis, que dará tudo o que tem. Ou que é muito inocente, simplório ou assustado para tomar conta delas. Elas só o conhecem quando se combina com as outras partes. É, com frequência, chocante para suas protetoras descobrir que você é capaz de se separar de suas partes e aprender que você tem autoridade e pode proteger seu sistema, e assim não precisam mais fazê-lo.

Isso é um grande desafio em algumas circunstâncias — quando você enfrenta pessoas ou eventos ameaçadores, por exemplo. E, ainda assim, em meio ao terror ou à raiva, o *self* de cada um de nós está sempre lá — o *eu* na tempestade, a tranquilidade profunda sob as ondas turbulentas. Sempre há o *self*. Não importa o quanto as suas partes sejam ativadas ou extremadas, se pudermos fazê-las se separar o suficiente, teremos acesso a pelo menos alguns dos atributos do *self* e seremos capazes de estar com medo ou raiva, em vez de nos combinarmos com os sentimentos.

Há vários anos, lembro-me de um episódio em minha vida quando minha esposa, Jeanne, e eu fomos visitar meu irmão e minha cunhada no Havaí. Foi um dia com ondas muito altas, e, apesar dos avisos de Jeanne, resolvi entrar na parte rasa, presumindo que estaria seguro se a água não passasse das minhas coxas. Sem perceber, entrei em um buraco e, de repente, estava em meio a uma correnteza que me puxava rapidamente para o mar. Sem saber o que fazer, tentei nadar para a costa, mas não consegui. Tentei relaxar virando de costas, mas a água entrava na minha boca e comecei a me engasgar.

À medida que ficava cada vez mais cansado, comecei a perceber que poderia não sobreviver. Partes de mim começaram a gritar repetidamente em minha

Mesmo diante de um perigo real, é possível controlar suas partes.

O Self em Ação 129

cabeça: "Nós vamos morrer!" Consegui me separar o suficiente para fazê-las me sentir dizendo: "Podemos morrer, mas estarei com vocês quando isso acontecer". E senti elas se acalmarem. Quando estava a ponto de desistir, minha cunhada chegou à praia, me viu lutando e apontou, freneticamente, para que eu nadasse de forma horizontal, em direção às enormes ondas. Era algo contraditório, mas era exatamente o que eu precisava fazer para voltar à costa. Quase sem energia alguma, tentei uma última vez e, finalmente, fui carregado pelas ondas. Soube depois que um homem se afogou no mesmo lugar dias antes e me senti extremamente afortunado.

A razão de eu compartilhar essa história é que, mesmo diante de um perigo real, é possível controlar suas partes. Sim, é difícil. Tenho anos de experiência mostrando às minhas partes que tudo fica melhor quando elas se separam e me deixam lidar com a situação, assim elas confiaram o suficiente em mim para fazer isso. Mas, sob quase todos os aspectos, a liderança do *self* é útil em circunstâncias graves. Pode não levar ao tipo de sorte salva-vidas que tive, mas é sempre melhor enfrentar seus desafios com calma, coragem, clareza e confiança, em vez de lidar com partes amedrontadas, dissociadas ou impulsivas. Quanto mais *self* nós trouxermos para as crises que enfrentamos (por exemplo, a pandemia atual), mais é provável que suas lições serão aprendidas em todos os níveis — planetário, nacional e individual.

CAPÍTULO OITO

Visão e Propósito

De modo geral, à medida que você ganha mais acesso ao *self* e se torna mais liderado por ele, sua visão da vida torna-se mais clara, o que significa que suas prioridades podem ser bem diferentes daquelas que suas protetoras tinham quando estavam no controle. Quando temos muitas exiladas, nossas partes protetoras não têm escolha senão serem egoístas, hedonistas ou dissociativas. Mesmo aquelas que parecem ser altruístas, pois doam muito aos outros, muitas vezes ficam mais preocupadas em serem vistas pelos outros como virtuosas (ou não serem punidas por Deus). Os objetivos das protetoras em sua vida giram em torno de mantê-lo distante de dor, vergonha, solidão e medo, e se utilizam de uma grande variedade de ferramentas para alcançar esses objetivos — realizações, substâncias tóxicas, alimento, entretenimento, compras, sexo, obsessão com sua aparência, zelo, meditação, dinheiro, e assim por diante. Suas protetoras trabalham incansável e bravamente para inchar seu ego, assim ele não se esvazia e não se afunda no abismo da emoção exilada.

Quando temos muitas exiladas, nossas protetoras não têm escolha senão serem egoístas, hedonistas ou dissociativas.

Como os impulsos dessas protetoras consomem a maior parte de sua atenção, sufocam e mantêm exiladas suas partes mais sensíveis e amorosas. À medida que você liberta os fardos das exiladas, as protetoras se transformam e começam a ouvir mais essas partes que não são tão obsessivas e impulsivas — as que adoram ser verdadeiramente íntimas dos outros e querem desenvolver a arte e movimentar o corpo, brincar com a família e com os amigos, amam estar na natureza. Quando você é mais liderado pelo *self*, torna-se mais integrado e completo.

É isso que significa cura no IFS — abertura e reconexão e um *self* que quer facilitar isso em todos os níveis do sistema. Como Wendell Berry escreve: "A cura cria dificuldades no sistema ao abrir e restaurar conexões entre as várias partes, dessa maneira restaurando a simplicidade máxima de sua união. As partes são saudáveis à medida que estão ligadas harmoniosamente ao todo. Apenas restaurando as conexões interrompidas podemos ser curados. A conexão é saudável."[1]

Além de se conectar às partes desprezadas, à medida que acessa mais do *self*, você faz a transição de ser conduzido pelos desejos de suas partes para ser conduzido pelos desejos de seu coração. Ou seja, você começa a ter vislumbres de uma visão diferente de sua jornada de vida, o que traz mais significado a ela. Embora haja inúmeras abordagens por aí, que o orientam a articular e a buscar uma visão significativa de sua vida, muito frequentemente essas tentativas vêm de seus gerentes, em vez do *self*. Em minha experiência, é melhor esperar até suas protetoras relaxarem, assim a visão pode vir à tona — e você receberá a visão, em vez de criá-la.

> **Quando as pessoas acessam o *self*, elas sentem seu propósito rapidamente.**

Várias tradições espirituais ensinam que cada um de nós tem um caminho ou um chamado da verdade e que parte do porquê de estarmos aqui nesta vida é para descobri-lo e cumpri-lo. Jean Houston usa um termo emprestado de Aristóteles para descrever isso — *enteléquia*: "a essência semeada e codificada em você, que contém os padrões e as possibilidades para sua vida".[2] Os cristãos às vezes se referem a Efésios 2:10, que diz que Deus criou cada um de nós com um propósito específico.

Quando os fardos das partes são libertados, muitas vezes elas sentem imediatamente seus propósitos iniciais e assumem um novo papel correspondente. Quando as pessoas acessam o *self*, elas sentem seu propósito rapidamente. No mundo exterior, isso pode levar anos; no mundo interior, isso acontece de imediato.

O psicólogo humanista Abraham Maslow é bem conhecido por suas ideias de *autoatualização*. Ele afirmou que, depois de nossas necessidades básicas de segurança, relacionamento e afeição serem satisfeitas, tomamos consciência de uma necessidade maior de fazer aquilo a que somos mais aptos. "Um musicista deve fazer música, um artista deve pintar, um poeta deve escrever, se quiser, em última análise, estar em paz consigo mesmo... Essa tendência pode ser expressa como o desejo de se tornar, cada vez mais, o que idiossincraticamente é, de se tornar tudo o que for capaz de se tornar."[3] Acho que há muito empenho nos primeiros textos de Maslow em "ser tudo o que pode ser", mas concordo que nosso propósito ou visão surgem naturalmente quando nossas partes sobreviventes relaxam. Após Maslow ter estudado posteriormente em sua vida a autoatualização das pessoas, descobriu que, embora possam não ter maximizado seu potencial em todas as áreas da vida, trabalharam em causas que beneficiaram os outros e eram preciosas para eles, de tal forma que não sentiam como trabalho. Pela visão da liderança do *self*, encontraram seu propósito e, consequentemente, a vida delas ficou repleta de sentido.

Como observa o psicólogo Scott Barry Kaufman: "Os autoatualizadores criativos são capazes de transcender a dicotomia comum entre inteligência da mente e sabedoria do coração. São capazes de se lançar no trabalho e, de maneira flexível, ir alternando entre modos de ser aparentemente contraditórios — o racional e o irracional, o emocional e o lógico, o deliberado e o intuitivo, o imaginativo e o abstrato — sem prejulgar o valor de nenhum desses processos."[4] Essa é uma excelente descrição da integração flexível que ocorre no sistema liderado pelo *self*. Partes diferentes man-

Partes diferentes mantêm o distanciamento ao se comunicar e colaboram umas com as outras enquanto o *self* conduz essa orquestra interna.

têm o distanciamento ao se comunicar e colaborar umas com as outras enquanto o *self* conduz essa orquestra interna.

O conhecido neuropsiquiatra Dan Siegel enfatizou a importância dessa integração na cura e descreveu o IFS como uma boa forma de alcançá-la. Ele escreveu: "A cura parte da integração. É muito simples e importante. Um sistema que está integrado está em um fluxo de harmonia. Assim como em um coral, em que a voz de um cantor se diferencia da voz dos outros cantores, mas também estão ligadas, a harmonia emerge com a integração. O que é importante observar é que essa ligação não remove as diferenças, como a noção da combinação, em vez disso, mantém essas contribuições únicas, pois isso as deixa unidas. A integração é mais parecida com uma salada de frutas do que com um suco."[5] Isso, novamente, é um dos objetivos básicos do IFS. Cada parte é respeitada por seus atributos únicos, embora também trabalhe em harmonia com todas as outras.

Em contrapartida, em um sistema liderado pela protetora, a coalizão de partes domina tanto, que se perdem os recursos das outras, ou só há caos e conflito internos em que as partes constantemente interrompem e sabotam umas às outras, porque não há uma liderança estável.

Reações e Mudança de Vida

Quando você começa a ter vislumbres da visão liderada pelo *self*, é comum que as partes reajam de forma homeostática. Quanto maior sua visão, maior é a reação delas. "Não se iluda", elas dirão, "Quem você pensa que é para fazer isso!" ou "Qual é seu objetivo — está tudo tão bagunçado que isso nunca fará diferença!", ou o sempre popular "Você não pode ganhar a vida fazendo isso!"

Quando tive a primeira visão do IFS e considerei dedicar minha vida a ele, tive todas essas reações e muito mais. Depois de receber minha visão, tive de trabalhar com minhas partes para manifestar somente as etapas iniciais, e elas reagiram a cada etapa do processo. Este livro representa um passo mais ousado na jornada da tentativa de levar o IFS para um público muito mais amplo, e então, as vozes estão a postos. A diferença agora é que elas confiam em minha liderança, por isso não são

134 Não Há Partes Ruins

tão altas ou ásperas quanto antes, e respondem bem quando as tranquilizo. Elas sabem que, se alguns de vocês não gostarem deste livro, e até mesmo atacá-lo, por alguma razão, nós ficaremos bem, porque eu cuidarei delas. Esse é o tipo de trabalho que te permitirá perseguir sua própria visão. Traga todas as suas partes para a jornada — não é necessário exilar ou anular as dissidentes.

Advertência: tive pacientes que abandonaram carreiras lucrativas para buscar o que tinha sido apenas um tênue anseio interior por toda a vida deles. Recentemente, um advogado corporativo de alto desempenho deixou sua firma e voltou para a escola para se tornar educador físico. Isso não foi algo que eu induzi, mas como esse paciente finalmente se curou, ele se ouviu e teve coragem de agir. Essa atitude precisa de muito mais coragem do que antes. Hoje em dia, dificilmente as pessoas conseguem ganhar a vida fazendo trabalhos mais significativos, enquanto alguns com menos propósito são os mais bem pagos. Dito isso, as pessoas lideradas pelo *self* têm menos necessidade de coisas materiais, e isso ajuda muito. Algumas, como meu paciente advogado, estão dispostas e mais aptas a aguentar o tranco, mas é uma pena que precisem aguentá-lo.

Nem todos os meus pacientes, cada vez mais liderados pelo *self*, abandonaram seus trabalhos ou deram outro rumo em suas carreiras, mas geralmente mudaram de vida, e, de alguma forma, para melhor. Muitos se envolveram com atividades criativas ou altruístas que são gratificantes por si só e proporcionam uma nova sensação de significado. As visões lideradas pelo *self* são frequentemente baseadas em um maior senso de conexão com a humanidade e com a Terra, as pessoas começam a corporizar o desejo de ajudá-las. Além disso, quando você é liderado pelo *self*, essas atividades são mais satisfatórias, pois você está mais presente em seu corpo enquanto as vivencia, em oposição a uma vida de planejar impacientemente a atividade seguinte ou de ser obsessivo em como poderia fazer algo mais produtivo ou prazeroso. Quando é liderado pelo *self*, na verdade, pode viver no presente, porque não tem mais tantas partes magoadas e presas no passado; não precisa mais ficar tentando protegê-las, preocupando-se ou planejando o futuro.

Curiosamente, você pode até ter partes que digam que sua visão é pequena demais! Mas como Charles Eisenstein relata: "Tantas pessoas reprimem a expressão de seus dons pensando que devem fazer algo maior com eles. As próprias ações não são suficientes — alguém precisa escrever um livro que atinja milhões. Com que rapidez isso se torna uma competição sobre quais ideias serão ouvidas! Como isso invalida os pequenos e belos esforços da maior parte da humanidade — invalida, paradoxalmente, a maioria das atitudes que devemos começar a tomar em massa para manter um planeta habitável."[6]

À medida que as pessoas se tornam lideradas pelo *self*, se descobrem agindo de forma altruísta sem esforço e muito debate interno, pois lhes parece natural querer ajudar os outros. Isso acontece porque o *self* reconhece que você e os outros fazem parte de um conjunto maior da humanidade. É parecido quando, digamos, sua parte com raiva começa a se sentir mais conectada e reconhece que o gerente, que ela odiava por causa do quanto ele tentou sufocar a raiva, também está conectado à entidade maior — você. Isso faz com que as partes reconheçam que, quando um membro do sistema está magoado ou carregando fardos, afeta o sistema maior ao qual todas pertencem.

Se sua perna está doendo, sua mão automaticamente se move para tentar aliviar a dor. Quando as partes percebem que há um *você* do qual são membros, tomam, cada vez mais, consciência de que quando uma delas carrega fardos, afeta todo o sistema. Naturalmente, começam a ajudar e a cuidar umas das outras a partir dessa consciência. E se tornam pensadoras sistêmicas! E, cada vez mais, confiam no *self* para liderar tanto interna quanto externamente. Consequentemente, apoiam seu altruísmo externo com o conhecimento de que você não se concentrará somente lá fora.

> **O *self* reconhece que você e as outras fazem parte de um conjunto maior da humanidade.**

Assim, quando as pessoas se tornam cada vez mais lideradas pelo *self*, se mostram cada vez mais motivadas a agir em nome da cura da humanidade e do nosso planeta. Nesse momento, há uma necessidade crítica por mais *self* em todos os níveis. Imagine como seria se todos os nossos líderes soubessem sobre a liderança do *self* e a praticassem! Esse é o tipo de visão mais ampla que surgiu para mim anos atrás, e fiquei apaixonado desde então. Nunca pensei que eu e os outros poderíamos levar isso tão longe, mas fizemos tanto, que parei de considerar um sonho impossível.

Exercício: Simulação de Incêndio

Então agora quero convidá-lo a fazer um exercício que o ajudará a vivenciar um pouco da liderança do *self* de que tenho falado. Quero que comece pensando em uma pessoa da sua vida (do passado ou do presente) que realmente o provoque. Talvez ela o deixe bravo ou triste, ou talvez seja alguém a quem tenha fechado seu coração em algum momento.

Em seus olhos da mente, coloque essa pessoa em uma sala sozinha, assim ela fica contida e não pode sair no momento. Agora olhe para a pessoa por alguma janela, e enquanto a observa de fora — da segurança do lado externo da sala —, faça ela falar o que o deixa chateado e observe o que acontece com seu corpo e sua mente à medida que sua parte protetora surge. Ou seja, observe o que a protetora faz com seus músculos, seu coração, e sinta que tipo de impulsos você tem. Verifique também sua respiração. Estamos observando o impacto de uma parte protetora em seu corpo e em sua mente.

Agora olhe novamente para a pessoa de onde está, tenha noção de como ela se parece pelos olhos de sua protetora. Tranquilize-a dizendo que não entrará na sala, assim ela poderá relaxar um pouco. Veja se ela está disposta a separar sua energia de você, porque você não se colocará em risco agora. Se estiver disposto a retirar a energia, você notará uma mudança palpável em seu corpo e em sua mente quando isso acontecer.

Como estão seus músculos agora? E o seu coração? E a respiração? Também preste atenção no que acontece em sua mente. Observe novamente a pessoa na sala para ver se ela parece de alguma forma diferente. Como essa pessoa parece agora?

Agora concentre-se novamente na protetora que surgiu quando se concentrou na pessoa. Veja se ela ficou interessada por isso, agora que está um pouco mais separada de você. Se puder, pergunte à protetora por que ela sente tanta necessidade de torná-lo mais forte com essa pessoa. O que ela tem medo que aconteça se não fizer isso em seu lugar?

Ao responder à pergunta, é provável que diga sobre as partes vulneráveis que protege, assim, mostre gratidão por ela trabalhar tão arduamente para tentar manter essas partes em segurança. Veja como ela reage à sua gratidão. Pergunte se pode curar essas partes para que não sejam tão vulneráveis a essa pessoa, e para ela não ficar tão envolvida em protegê-las. O que ela gostaria de fazer agora dentro de você?

Nós não entraremos na sala nesse exercício. No entanto, quero que tenha noção de como seria se entrássemos. Se você entrasse na sala sentindo-se conduzido pelo *self*, como seria? O que aconteceria no modo como se relaciona com essa pessoa.

Se for difícil de imaginar, pode ser porque sua protetora ainda não confia que seja seguro deixá-lo entrar. Se tiver *realmente* a noção do quão diferente a experiência seria, comunique à protetora e pergunte o que seria necessário para essa parte confiar em você para lidar com pessoas que o provoquem como essa. E se ela ainda estiver com medo de confiar em você, peça mais informações sobre o assunto.

Quando achar adequado, agradeça essa parte pelo que fez. Mostre sua gratidão por tudo que permitiu que fizesse e soubesse. Finalmente, comece a mudar seu foco para fora; respire fundo se isso ajudar.

Nesse exercício, se sua protetora se afastou verdadeiramente, é provável que tenha notado uma grande mudança. Em sua conversa com a protetora, é provável que tenha aprendido algo sobre as partes que ela protege e o quanto elas são vulneráveis. E como essas partes vulneráveis não foram curadas nesse exercício, é provável que ela não confiará em você até que sejam. Mas, ainda assim, é interessante saber por que não confia em *você* para lidar com pessoas como essa.

Você pode também ter observado quando o protetor se afastou, a sensação de seu corpo ter ficado diferente e que a pessoa na sala parecia diferente. Talvez ela não parecesse tão ameaçadora, talvez você pudesse ver alguma das dores que a levou a fazer o que for que tenha feito de prejudicial.

Exercício: Meditação Sobre a Tristeza

Eis aqui um exercício semelhante que eu gostaria que você tentasse. Em vez de uma pessoa que desencadeia um gatilho, quero que pense em uma pessoa diferente, alguém com quem esteve quando ela estava muito perturbada — extremamente triste e magoada, por exemplo, e talvez até chorando. Pare um momento para pensar nessa pessoa e, como antes, coloque-a na sala de contenção. Observe-a por uma janela enquanto demonstra o quanto está magoada ou triste.

Enquanto a observa, apenas perceba o que surge em seu corpo e em sua mente. Observe os pensamentos que tem sobre ela (mesmo que você não tenha muito orgulho deles) e observe todas as diferentes partes que reagem a essa pessoa. Sinta como essas partes afetam seu corpo. O que elas estão fazendo com seu coração ou com sua respiração? Seus músculos, seus impulsos? Pode perceber partes que tornam difícil observar a pessoa na sala? Talvez elas se sintam impotentes, queiram se retirar, fugir, manter seu coração fechado, ou estão ativas de outras formas que parecem protetoras.

Escolha uma dessas partes e a conheça melhor. Fale para ela que agora você não precisa fazer nada por essa pessoa e que ela ficará dentro da sala. Ela pode relaxar um pouco e se separar se puder. Se puder, observe a mudança palpável e olhe novamente para a pessoa com um novo olhar e tenha uma visão de como você poderia querer estar com essa pessoa, se suas partes permitissem.

Como anteriormente, mude seu foco de volta à protetora e pergunte-lhe o que ela tem medo que aconteceria se não fizesse isso com você internamente. Por que ela não confia em você para ficar com a pessoa? E quando essa parte do exercício parecer completa, pode agradecer à protetora por seu trabalho e começar a mudar seu foco de volta para o mundo externo.

Esses dois exercícios são exemplos de como promovemos a liderança do *self*. Eu utilizo o que chamo de *abordagem de liberação de restrições* para acessar o *self*. Em vez de tentar infundir bons atributos em um processo que alguns chamam de *recursos*, eu o faço observar as partes que interferem em seu acesso ao *self* e depois conhecer essas partes e ajudá-las a confiar em você (seu *self*) para lidar com pessoas difíceis.

Se essa fosse uma sessão completa do IFS, eu o faria pedir permissão para ir até as partes de que essas protetoras estão tomando conta e curá-las. Quando você faz isso, se torna muito mais provável que as protetoras confiem em sua liderança.

Muitas vezes, suas protetoras não confiam em você para a difícil tarefa de proteção, pois acham que o *self* é muito sensível e é somente capaz de ser solícito e compassivo. Em minha experiência, o *self* é adepto a todas as palavras com C, que estão relacionadas a ser bom com as pessoas, inclusive a clareza, a confiança e a coragem. Assim, quando você vê com clareza, através dos olhos de seu *self*, que alguém está fazendo algo prejudicial para suas partes, você não precisa transformá-las em monstros. Essa clareza permite que você veja que suas ações surgem de suas próprias mágoas e também o deixam ver melhor, sem confusão, o dano que causam às suas partes. Isso significa que você tem coragem e a confiança de estabelecer limites para elas de forma eficaz e, se necessário, vigorosa.

É importante ajudar suas partes a confiar que realmente podem confiar em você ao lidar com pessoas e ao estabelecer limites que as protegerão, e a perceber que, na verdade, se confiarem, os efeitos serão mais poderosos e eficazes. Idealmente, é o que as artes marciais promovem — proteção de um lugar independente, mas poderoso. Conforme se entra em situações de gatilho, é interessante observar o que acontece no corpo e na mente. Começará a notar pontos de partida, o que permitirá compreender as partes que sentem necessidade de proteção. Se tiver acesso a um terapeuta ou a um profissional especializado em IFS, você poderá passar, então, verdadeiramente por todas as etapas de cura com esse suporte. À medida que o fizer, suas partes começarão gradualmente a confiar mais em você e não serão tão ativadas no futuro.

Imanência ou Transcendência

Quero concluir esta parte do livro explorando alguns dos compromissos da liderança do *self* um pouco mais profundamente. Para começar, uma vez que resgata suas exiladas e liberta suas protetoras, você tem mais sensações. Não só porque você se torna mais corporificado, mas também porque reexperimenta muitas das emoções que sentiu na infância, mas pensava que tinha deixado para trás quando se tornou adulto. Isso significa que você pode sentir mais admiração, alegria e empatia por suas antigas exiladas, e também suas dores e seus medos. No entanto, essa é uma boa notícia, porque ser liderado pelo *self* significa que você sabe como confortar melhor as partes, e seus sentimentos não o oprimem mais tanto quanto antes. Fica menos desapegado e mais dedicado — e realmente se importa com o que acontece neste plano.

Ao mesmo tempo, é provável que tenha tido experiências suficientes com o estado de onda do *self* para saber que há muito mais no universo do que o que acontece dentro de si e que, no grande esquema das coisas, está tudo bem. Nesse sentido, a pessoa se torna menos apegada ao que acontece neste plano. Ser liderado pelo *self* significa respeitar essas duas verdades igualmente: *imanência* — envolver totalmente nossa humanidade — e *transcendência* ou libertação — saber que há muito mais. Quando tentamos negar nossa vulnerabilidade, perdemos contato com nosso coração. Quando falhamos em perceber nossa divindade, perdemos acesso à nossa sabedoria e à nossa perspectiva. A liderança do *self* significa permanecer voluntário e conscientemente nas duas dimensões — sentir as emoções intensas de suas partes enquanto se mantém conectado à sua mente desperta a transcendência em estado de onda. Se puder manter ambas em si, poderá manter ambas com outras pessoas.

Algumas tradições contemplativas incentivam as pessoas a descartar as preocupações com o mundo externo ou a se afastar o máximo possível. Para alguns sobreviventes de trauma, essa abordagem tem grande apelo, pois suas experiências do mundo têm sido duras e dolorosas, e é um alívio ter um refúgio. Embora o ajudem a experimentar seu *self* transcendente, algumas tradições também sugerem que sua história pessoal (traumas e tudo o mais), na verdade, não é muito importante — de fato, é parte do apego do seu ego ao mundo terreno e deve ser transcendido. Pela perspectiva do IFS, essa abordagem apenas cria mais exiladas, ou afasta as que você já tem para mais longe. Não acho que nada disso seja necessário. Pode-se ser liderado pelo *self* e passar um tempo em longos retiros, ou até mesmo viver de forma monástica, e fazer isso sem ignorar suas exiladas.

Muitas vezes, ativistas censuram os devotos espirituais. Eisenstein expressa a crítica desta forma: "Se a casa estivesse pegando fogo, você somente se sentaria e meditaria, visualizando cachoeiras frescas para apagar o fogo pelo poder da manifestação? Bem, a casa figurativa está pegando fogo ao nosso redor agora. Os desertos estão se ampliando, os recifes de corais estão morrendo, e os últimos indígenas estão sendo dizimados. E lá está você no meio de tudo isso contemplando o som cósmico OM."[7] É claro que o contra-argumento a essa crítica é bastante simples: a menos que se crie um mundo interior liderado pelo *self*, não importa o que se faça no mundo exterior, acabará sendo liderado pela sua protetora e, portanto, não será diferente (ou, em alguns casos, será pior) ao que está se opondo.

Por essa razão, estamos atrás de equilíbrio. É importante examinar completamente seus motivos, tanto para as atividades internas quanto externas. Você está sobrecarregado pelo sofrimento do mundo e quer se livrar dele? Se for isso, pode querer trabalhar com suas exiladas antes de encontrar equilíbrio. É um ativista porque quer que todos saibam que é uma boa pessoa ou porque está sendo conduzido pelos fardos do passado?

Mais do que nunca, é importante que as pessoas lideradas pelo *self* não se afastem, mas se engajem no mundo. No entanto, para ser lideradas pelo *self*, as pessoas precisam passar um tempo dentro de si mesmas. Muitos líderes que conheço, inclusive eu mesmo, encontram um ritmo interno/externo que funciona bem para eles. Quando se consegue equilibrar a imanência e a transcendência, pode-se trazer a cura para os mundos interno e externo simultaneamente.

Como David Dellinger diz: "Primeiro você muda as pessoas ou muda a sociedade? Acredito que esta é uma falsa dicotomia. Há de se mudar os dois simultaneamente. Se estiver mudando apenas a si mesmo e não tem nenhuma preocupação em mudar a sociedade, algo está errado. Se estiver mudando apenas a sociedade, mas não a si mesmo, algo está errado, como aconteceu no final dos anos de 1960. Talvez simultaneamente possa ser um exagero, pois acho que há períodos em que é preciso se concentrar em um ou em outro. E há períodos em uma sociedade, em uma cultura, em que a ênfase é apropriada somente em um ou em outro. O que estou tentando dizer é: nunca perca de vista o mundo interior nem o exterior, a paz interior e a paz baseada na justiça externa."[8]

Liderança Servidora e Contágio

Uma objeção comum sobre o trabalho interno é que isso o tornará mais egocêntrico do que já é. Em minha experiência, é exatamente o oposto. Quanto mais libertamos os fardos de nossas partes, menos precisamos de coisas materiais ou de elogios para preencher nosso vazio. Também nos sentimos mais conectados aos outros, ao nosso corpo, ao nosso *self* e ao *Self*.

Apesar de nunca ter precisado muito de coisas materiais, durante os primeiros anos de desenvolvimento do IFS, minhas exiladas ansiavam por carinho, e essa ansiedade interferiu em minha capacidade de transmitir sua força. Foi um grande alívio na última década ter curado essas partes e poder proporcionar ao IFS mais do *self*. Atualmente as pessoas comentam o quanto sou humilde, mas a humildade genuína é difícil de alcançar. Fiz muito trabalho interno curando minhas exiladas e, por meio do tempo gasto no estado de onda, percebi que o IFS não se trata de mim. Eu o recebi ao longo dos anos como parte de minha visão

Visão e Propósito 143

e com ajuda de muitos — dessa forma, o IFS tem sido um presente e uma benção.

Outro termo para liderança do *self* poderia ser liderança *altruísta*, e se parece muito com o modelo da *liderança servidora* do mundo dos negócios. Iniciado pelo executivo da AT&T Robert Greenleaf, a liderança servidora "começa com o sentimento natural de servir *primeiro*. A escolha consciente leva alguém a aspirar a liderar. Essa pessoa é nitidamente diferente do outro que é, primeiramente, *líder*, talvez por causa da necessidade de amenizar uma movimentação incomum de poder ou de adquirir coisas materiais. (...) A diferença se manifesta nos cuidados tomados para garantir que as necessidades prioritárias das pessoas estejam sendo atendidas. Os que são servidos crescem como pessoas? *Ao serem servidos*, tornam-se mais saudáveis, sábios, livres, autônomos, aptos a se tornarem servidores? E qual é o efeito nos menos privilegiados na sociedade? Serão beneficiados ou, pelo menos, não sofrerão mais privações?"[9]

Quando se trata de *servir*, minha principal cautela é estar ciente do autossacrifício das partes gerentes cuidadoras. Muitos líderes têm exilado tantas outras partes de si mesmos que ficaram sobrecarregados e se exauriram. A verdadeira liderança servidora somente funciona quando o líder tem acesso ao *self* e a todas as suas partes. Então a organização que eles liderarão refletirá a harmonia interna e a conectividade.

Isso nos leva ao importante tópico de *contágio* (também conhecido como *ressonância*). As partes protetoras são contagiosas no sentindo de que, quando um membro de um sistema (particularmente o líder) está combinado com a parte protetora, ele muitas vezes ativa os protetores dos outros, e a cultura da organização torna-se permeada com a energia protetiva. De forma correspondente, as pessoas lideradas pelo *self* trazem à tona os *selfs* de todos ao redor. Do mesmo modo que um diapasão ao vibrar dispara outro a distância, a presença do *self* em um sistema ajuda as protetoras a relaxar e atrair o *self* em toda a organização.

> **A presença do *self* em um sistema ajuda as protetoras a relaxarem e atrair o *self* em toda a organização.**

Há pouco fiz alusão ao fenômeno da ressonância na física, e vale a pena repetir aqui. Como nosso *self* particular é um aspecto de um campo vibratório, ele ressoará no *self* de outras pessoas e no *self* de nossas partes. Cada vez mais, físicos estão reconhecendo que tudo no universo está constantemente vibrando ou oscilando em diferentes frequências, mesmo os objetos estacionários. Cientistas também têm observado que, quando dois objetos se aproximam, começam a vibrar na mesma frequência — se sincronizam.

Como terapeuta, tento manter isso em mente. Levo um minuto ou mais antes de atender um paciente para pedir que minhas partes se afastem e me deixem corporificado, já que o sucesso da sessão é proporcional ao quanto de *self* eu trago para ela. Estou animado por estar treinando consultores seniores de empresas internacionais como McKinsey, Egon Zehnder e Mobius para fazer algo semelhante com seus pacientes. O objetivo maior transforma-se em ajudar líderes corporativos e políticos a acessarem o *self*, o que trará à tona os *selfs* de uma empresa ou de um país de tal forma que o campo de energia do *self* permeará a cultura.

Fluxo

Até o momento, examinamos principalmente como a liderança do *self* se manifesta quando ele, em seus estados de partícula, torna-se líder ativo de seus mundos interno e externo. Quando for esse o caso, você está ciente de que está fazendo algo, seja cuidando de suas partes ou protestando contra injustiças. E quando o *self* está em seu estado de onda? Há momentos em que você vive sem estar ciente de si mesmo ou do *self*?

O budismo se refere a esse estado como *anatta*, ou o não eu. São momentos em que você fica tão absorto em uma atividade que seu corpo se move sem esforço e perde-se a sensação de separação. O psicólogo Mihaly Csikszentmihalyi cunhou a palavra *fluxo* [*flow*], na década de 1970, para descrever esse estado e o estudou em uma variedade de contextos. E descobriu que, quando as pessoas entravam em fluxo, achavam extremamente agradável e gratificante e realizavam a atividade associada ao seu próprio bem, e não a qualquer recompensa extrínseca.[10]

Visão e Propósito   145

Alguns exemplos comuns incluem o devaneio de músicos de jazz ou outros artistas que ficam completamente absortos em seu processo criativo.

Ocasionalmente, tive experiências como essa enquanto praticava esportes. Houve momentos em que perdia a noção de haver um *eu* além do meu corpo se movendo de forma fluida e eficaz. Eu jogava na defesa do futebol americano da faculdade, e houve momentos em que parecia que o tempo estava mais lento e eu sabia exatamente o que fazer sem precisar pensar. Podia passar pelos bloqueadores facilmente, pois eles pareciam estar em câmera lenta.

Entro em um estado similar, às vezes, quando ensino IFS. É como se as palavras saíssem de mim sem eu nem pensar — quase como se estivesse canalizando algo. Sinto-me totalmente calmo, confiante e lúcido, mas sem perceber que estou tendo essas sensações, porque estou apenas "sendo". Esses momentos são extremamente gratificantes, e, em parte, é a razão pela qual dou tantas aulas. Depois sinto-me feliz se as pessoas gostam do *workshop* (ou de mim), mas esse não é o motivo principal — adoro a sensação fluida que tenho e a noção de que estou cumprindo meu propósito nesta vida.

Acredito que os estados de fluxo são exemplos de quanto todas as nossas partes estão totalmente alinhadas com o propósito ou o prazer da atividade, assim seus *selfs* se combinam. Em certo sentido, temporariamente, eles se dissolvem, e se está no estado de onda de não dualidade, embora ainda esteja agindo nesse mundo.

Essas experiências de fluxo não caracterizam nossa vida diária, já que estamos combinados com as partes que trabalham dentro de nós para nos manter em segurança, funcionais e felizes a maior parte do tempo. À medida que liberta seus fardos e suas partes confiam cada vez mais em você e umas nas outras, você se sente, de fato, mais e mais integrado e tem mais clareza sobre o seu propósito, assim, cada vez mais sua vida é vivida nesse estado de fluxo unificado.

Além dessas experiências de fluxo, muitas pessoas têm tido momentos inesquecíveis na vida, quando vislumbram o *self* puro em estado de onda. Em *A Cor Púrpura*, a personagem de Alice Walker, Shug, descreve seu momento: "Mas um dia, quando estava sentada quieta e me sentindo como uma criança sem mãe, o que na verdade eu era, algo surgiu: uma sensação de ser parte de tudo, não separada. Eu sabia que se eu cortasse uma árvore, meu braço sangraria. E ri, chorei e corri por toda a casa. Eu apenas sabia o que era. Na verdade, quando isso acontece, não se pode perder."[11]

Para muitas pessoas, esses vislumbres são muitas vezes uma mudança de vida. O psicólogo Steve Taylor faz uma crônica de como as pessoas, de diferentes culturas e períodos de tempo, descrevem essas experiências de formas semelhantes. Pesquisas documentaram que elas não se restringem apenas aos antigos e aos místicos famosos. Parece que mais de um terço de nós teve pelo menos uma dessas experiências, e uma porcentagem menor as têm com frequência. Eis aqui algumas das similaridades que as pessoas descrevem:

- Uma sensação de que as coisas são uma só. "Tornamo-nos conscientes de que uma árvore e um rio — ou você e eu — somos diferentes da mesma forma que as ondas do mar parecem ser distintas e separadas. Na realidade, elas — e nós — somos parte do mesmo oceano de ser."

- Uma consciência de que não só estamos conectados a tudo no mundo, mas também ligados a um "eu muito mais estável, enraizado e expansivo, o qual não pode ser danificado pela rejeição e não anseia constantemente por atenção e está livre das ansiedades que oprimem o ego".

- Compaixão e amor pelas pessoas ao nosso redor, mas também "por toda a raça humana e pelo mundo inteiro".

- Um novo sentido de clareza e sabedoria que inclui a sensação de calma, de que tudo está bem. "Temos a sensação inicial de que tudo está bem, que de alguma forma estranha o mundo, longe de ser o lugar frio e indiferente que a ciência nos diz... é um lugar benigno. Não importam os problemas que preenchem nossa vida e quanta violência e injustiça há no mundo... tudo está bem e o mundo é perfeito."

- Uma energia vibrante que percorre nosso corpo e é acompanhada de uma sensação intensa de alegria. "Isso não é

Visão e Propósito 147

alegria *por causa* de algo... só está ali, uma condição natural de ser."

- Medo reduzido da morte e o conhecimento de que a morte é meramente uma transição.[12]

Tive versões dessas experiências enquanto meditava, mas de forma mais confiável durante sessões com cetamina com um guia liderado pelo *self*. Mary Cosimano, que coordenou a pesquisa sobre psilocibina* da Johns Hopkins, por quase duas décadas, e conduziu quase quatrocentas sessões, diz que "a psilocibina pode proporcionar um significado para a reconexão com nossa verdadeira natureza — nosso eu autêntico — e, assim, ajudar a encontrar sentido em nossa vida, acreditar que a natureza do nosso verdadeiro eu é o amor".[13]

O que devemos fazer com essas experiências e sua uniformidade entre as pessoas? Muitos que as tiveram acham que estão comungando com Deus e as compreendem como experiências místicas e espirituais. Por outro lado, algumas pessoas com mentalidade científica, como o físico Alex Lickerman, interpretam essas experiências como mera atividade cerebral: "A razão para que as descrições de experiências de despertar sejam tão uniformes acabem sendo diretas: a condição de vida da iluminação não está enraizada em uma ilusão generalizada, nem em uma lei mística ou em uma entidade sobrenatural, mas sim na neurobiologia do próprio cérebro. Na verdade, tudo o que foi encontrado para induzir a experiência do despertar — meditação, convulsões, uso de drogas psicodélicas como psilocibina — induz a alterações idênticas e mensuráveis no cérebro."[14]

> **Self é uma essência espiritual dentro de nós e ao nosso redor, como uma área que pode silenciar a parte pensante do cérebro.**

A interpretação menos materialista (e estraga-prazer) dessa observação neurológica é que faz sentido que a mesma área cerebral seja desligada se cada uma dessas experiências for aberta pelo *self* puro. O *self* não é um estado cerebral. Em vez disso, é uma essência

---

* Psilocibina — Um dos componentes principais do cogumelo *Psilocybe mexicana*, que tem propriedades alucinógenas. [N. da R.]

espiritual dentro de nós e ao nosso redor, como uma área que pode silenciar a parte pensante do cérebro. Espero um dia conduzir um estudo no qual os participantes acessem o *self* por meio do IFS e observar se a mesma parte do cérebro está desativada.

Então, pela minha perspectiva, isso é o que Ken Wilber chama de "experiências culminantes", no sentido de que estamos tendo um vislumbre ou um lampejo do *self* puro que está sempre presente.[15] Só que ele está, normalmente, obscurecido por nossas partes e seus fardos. Estamos comungando com Deus, se considerarmos o *self* como o Deus dentro de nós.

Os atributos das pesquisas de Taylor listados anteriormente são notadamente similares aos oito Cs mencionados antes: conexão e clareza (somos parte do mesmo oceano); calma e confiança (tudo está bem); compaixão por todos; e coragem (não ter mais medo da morte). Podemos imaginar que as pessoas também chegaram perto dos outros dois Cs: curiosidade, em termos de admiração por toda a experiência, e criatividade, nas formas de epifanias, que são muitas vezes relatadas.

Essas experiências "culminantes" de acesso ao *self* puro e de se sentir conectado a tudo criam uma percepção diferente? Os pesquisadores Kate Diebels e Mark Leary desenvolveram uma breve "Escala da Crença na Unicidade" e relacionaram o grau em que uma pessoa mantém essas crenças com seus valores em geral. A escala utilizou os seis itens a seguir:

1. Além das aparências superficiais, tudo é fundamentalmente um.

2. Embora existam muitas coisas aparentemente separadas, todas são parte do mesmo todo.

3. No nível mais básico da realidade, tudo é um.

4. A separação entre as coisas individuais é ilusão; na realidade, tudo é um.

Visão e Propósito   149

5. Tudo é composto da mesma substância básica, quer se pense nela como espírito, consciência, processos quânticos ou algo diverso.

6. A mesma essência básica permeia tudo o que existe.

Eles descobriram que os que pontuam mais alto nessa escala têm muito mais probabilidade de se identificar e de se sentir conectados a pessoas distantes e a aspectos da natureza do que os que têm pontuação mais baixa. Também são mais propensos a ter compaixão pelo bem-estar dos outros, por se sentirem conectados à humanidade, aos problemas em geral e às imperfeições.[16] Em outras palavras, vivenciar um estado do *self* puro muda as pessoas. À medida que os véus da separação caem e as pessoas experimentam a realidade de nossa interconexão, tornam-se mais lideradas pelo *self* por dentro e por fora.

Ralph De La Rosa sugere que pelo menos sua versão do budismo se alinha com essa posição. "Pode parecer que temos de gerar a sensação de abertura, frescor, alegria, folia ou quietude para que nos aproximemos nesses momentos. No entanto, da perspectiva budista, esse estado de ser já está presente dentro de nós, e assim tem sido desde o início. É tentador pensar que talvez a amplidão esteja à espera de ser descoberta dentro de nós, enquanto procuramos por ela em outro lugar. Não é algo que procuramos muito, mas é o que nos resta quando toda a nossa busca cessa. Nossa natureza mais profunda é simplesmente o que nos resta quando desistimos da tarefa infinita de tentar ser alguém."[17]

PARTE TRÊS

Self no Corpo,
Self no Mundo

CAPÍTULO NOVE

Lições da Vida e Tor-Mentores

Estamos aqui para aprender um conjunto em particular de lições de vida e o planejamento já está dentro de nós. Cada um carrega fardos legados herdados de suas famílias e culturas, assim como acumula diversos fardos pessoais ao longo do caminho. Assim, o plano de lições começa com a libertação desses fardos, o que nos prepara para a fase mais importante da lição — descobrir quem realmente somos.

Primeiro descobrimos quem não somos. Para isso, temos que identificar crenças e emoções extremas que nossas partes carregam que têm (muitas vezes inconscientemente) governado nossa vida e determinar as que não nos pertencem. Ao longo do processo, conhecemos nosso *self* e nos tornamos liderados por ele. Desnecessário dizer que a jornada nem sempre é unidirecional, nem suave.

Levei um tempo para perceber que não sou inútil, nem patético. Essas são apenas crenças que minhas exiladas carregam por terem sido criadas por um pai frustrado. Durante anos, desempenhei minha função até que bem no mundo, mas tinha a sensação latente de que estava enganando as pessoas e fui levado a contrariar essa suspeita. Quando estava com outras pessoas, evitava baixar a guarda por medo de que pudessem ver o meu eu verdadeiro e acabassem detonando minha atuação. Isso continuou mesmo depois de eu experimentar o *self* pela meditação. Na verdade, mesmo quando estava desenvolvendo o IFS, essas exiladas ainda corriam para me lembrar do quão patético eu era, principalmente quando não recebia o *feedback* positivo que procurava.

Como muitos empreendedores esforçados, não trabalhei com as exiladas até ser forçado a fazê-lo. Foi preciso que amigos da comunidade IFS me falassem que as protetoras estavam atrapalhando meu caminho para ser um bom líder. Finalmente, levei o *feedback* deles a sério, o que foi muito difícil e significou conhecer e libertar aquele menino de dentro de mim que estava preso no tempo em que meu pai brigava comigo e dizia que eu "não servia para nada".

A maior parte de mim já sabia que eu era bom em alguma coisa, mas esse menino solitário não sabia. Depois de resgatá-lo e libertar seus fardos, ele aprendeu a lição também e, depois, representava um conjunto de deleite interior. Da mesma forma, quando minha parte realizadora ficou mais relaxada, pude desfrutar mais completamente do fato de estar vivo com o conhecimento de que, longe de ser um inútil, era um homem adorável e amoroso. Esse conhecimento profundo me deu a coragem de trazer o IFS para um mundo cético e continuar a fazê-lo até hoje.

O ponto importante da história é: somos seres sagrados, assim como nossas partes, assim como a Terra. Muitas pessoas morrem sem saber isso. Parte do que me faz continuar é a esperança que o IFS mude isso.

Quando sabemos quem somos — estamos no *self* —, automaticamente nos relacionamos com os outros a partir das oito palavras iniciadas com C. Consequentemente, sabemos como nos comunicar de forma efe-

> **Somos seres sagrados, assim como nossas partes, assim como a Terra.**

tiva. Boa comunicação envolve calma, clareza, criatividade e compaixão. Como muitas outras atividades de desempenho, o principal desafio não é apenas dominar uma habilidade em particular, mas convencer os gerentes, que o tornam autoconsciente e temeroso de fracassar, a confiar que o *self* lidere.

Quando isso acontece, não é tão difícil quanto, antes, reparar relacionamentos rompidos, pois pode-se trabalhar melhor com as poucas partes que sobraram ou com as que carregam vergonha. Pode-se tranquilizá-las no momento em que o erro não o torna ruim e não será punido da forma que foi quando criança. Além disso, pode-se estar presente com a dor de outra pessoa sem precisar mudá-la ou repará-la, porque pode-se estar presente dessa forma com suas partes quando elas estão sofrendo. A maneira como nos relacionamos com nossas partes traduz diretamente como nos relacionamos com as pessoas quando elas se parecem com nossas partes.

No mesmo sentido, se você não temer a própria raiva, será capaz de permanecer liderado pelo *self* quando alguém estiver com raiva de si mesmo. O julgamento de alguém sobre você não ativará seus críticos internos, pois sabem quem é e porque as partes que te criticam se aposentaram ou assumiram novos papéis. Muitos dos obstáculos em relacionamentos existem por temermos o caos que o comportamento de outra pessoa criará em nossos sistemas internos. Quando o *self* está no controle, o caos desaparece.

Não estou prometendo que você será liderado pelo *self* o tempo todo. E mesmo quando não for assim, começará a perceber que não está em *self*. Quando uma parte assume o controle e você magoa alguém, sabe interromper o que está fazendo, obter um pouco de espaço, ouvir a parte e falar *por* ela, em vez de *a partir* dela. Falará por suas partes do *self* com o coração aberto para se retratar com a pessoa que você magoou.

> **A maneira como nos relacionamos com nossas partes traduz, diretamente, como nos relacionamos com as pessoas, quando elas se parecem com nossas partes.**

Aprendendo essas lições da vida e se tornando mais liderado pelo *self*, temos a grande sorte de ter muitos professores excelentes por aí. Não estou falando de gurus, padres, professores ou nossos pais, embora eles certamente nos ajudem a aprender as lições, se tiverem aprendido a deles. Pelo contrário, estou falando sobre eventos e pessoas difíceis que o provocam — seus *tor-mentores*. Ao atormentá-lo, elas o ensinam aquilo de que você precisa para se curar. Ou seja, as emoções que desencadeiam são, normalmente, pontos de partida valiosos. Se, em vez de se combinar com essas emoções ou crenças, investigar e se separar delas, será levado para as exiladas importantes, como o meu menino inútil.

Tor-mentores são muito valiosos porque, com frequência, não se está consciente dessas partes até que elas ou suas protetoras sejam ativadas. Seus gerentes os enterraram tão profundamente que a pessoa nem faz ideia da existência deles. Pode-se ter tido a sensação perturbadora das partes, mas os gerentes encontraram uma maneira de distraí-lo para que não vá até elas.

Tive a sorte de ter tantos tor-mentores ao longo da vida, mesmo que não os conhecesse na época — como meus pais, por exemplo. Muitos deles eram pacientes, principalmente os que eram altamente sensíveis até mesmo com a menor mudança em minha atitude. Tinham partes incríveis de detecção. Se eu estivesse apenas um pouco distraído, impaciente ou imperativo, eles me repreenderiam. Embora fossem, muitas vezes, reações exacerbadas, aprendi rapidamente a futilidade de tentar demonstrar isso, e, em vez disso, passei a valorizar esses episódios. Mesmo se meus pacientes estivessem errados sobre meus motivos ou minhas considerações sobre eles, normalmente detectavam com precisão uma protetora em mim que eu precisava explorar. Por fim, eu me desculpava com o paciente, e descobri que isso era bastante terapêutico, visto que a maioria deles tinha intuições que nunca haviam sido validadas antes. Depois, trabalhava com meu terapeuta entre as sessões para me ajudar a rastrear e a curar as partes que encontrava.

Minha esposa, Jeanne, merece muito do crédito pelas mudanças positivas que as pessoas vêm reconhecendo em mim ao longo dos anos que estamos juntos. Ela desafiou minhas partes irreverentes, narcisistas e sobrecarregadas de trabalho de maneira dolorosa, mas no final foi curativo. Temos sido excelentes tor-mentores um para o outro! E tenho orgulho em dizer que ainda nos ajudamos a nos curar dessa forma, principalmente depois de grandes brigas.

Quando as partes são ativadas, não custa nada prestar atenção e cuidar delas.

Isso não sugere que cada pessoa ou evento que chegue até você seja um tor-mentor valioso. E, com certeza, não quero defender relacionamentos continuamente abusivos com o propósito de aprender alguma lição. Talvez, nesse caso, a melhor lição seja cuidar de si mesmo e cair fora dele.

Apesar de iniciar este capítulo com a ideia de que estamos todos aqui para aprender um conjunto de lições em particular, sempre me encolhi com a crença da Nova Era de que tudo o que acontece é destinado a ensinar algo. Também não sou muito adepto das noções equivocadas e ocidentalizadas do carma. Coisas ruins acontecem para nós que não tem nada a ver com lições ou nosso comportamento nesta vida (ou nas anteriores). Dito isso, quando as partes são ativadas, não custa nada prestar atenção e cuidar delas. Talvez uma lição seja elas confiarem em você para lidar com uma pessoa ou com os eventos desafiadores à frente, do mesmo modo de quando eu estava me afogando.

Se levar essa perspectiva a sério, então a vida se torna uma série interessante de oportunidades para aprender aquela grande lição de quem se é realmente. (O acrônimo, em inglês, que vem à mente é AFGO — *Another F'ing Growth Opportunity* [Outra Oportunidade do Ca... de Crescimento, em tradução livre]). Evidentemente, não é sempre assim tão fácil fazer o desvio necessário para conquistar a próxima fase do currículo. As protetoras são normalmente convincentes em suas mensagens quando dizem que o tor-mentor à sua frente é o verdadeiro problema, e às vezes estão corretas. Mesmo assim, a lição é confiar em seu *self* para cuidar delas e dirigir a interação da melhor forma possível.

Exercício: Mapeamento Avançado das Partes

Você já fez um exercício desse tipo (Mapeando Suas Partes) antes. Essa é a versão avançada, em que usará tor-mentores para localizar e trabalhar com o dente de alho que é ativado por uma pessoa ou um evento.

Eis um exemplo pessoal: estava muito concentrado trabalhando em uma apresentação de manhã e, de repente, percebi que tinha me esquecido de participar de uma chamada importante que faria com meus cinco irmãos para acertar alguns negócios. Haveria um advogado na chamada também, e fui o único irmão que não participou. Sou o mais velho dos seis, porém, não sou o típico irmão mais velho, no sentido de provavelmente ser o menos responsável. À medida que fomos crescendo, meu pai se tornou muito duro comigo por causa disso. Tenho um crítico interno que pode imitá-lo muito bem quando faço alguma bobagem, e imediatamente percebi que essa parte começou a me perturbar hoje. Embora ela tenha mudado um pouco nesses anos, quando cometo qualquer tipo de erro significativo, ainda atua de alguma forma. E isso sempre traz uma exilada, o que significa que percebo uma onda de vergonha tomando conta do meu corpo.

Fico muito decepcionado depois que isso acontece. Após todo trabalho que fiz comigo, achava que estava além desse grau de reatividade interna. Mas já que estou comprometido a utilizar esses episódios para crescer, liguei para a pessoa com quem troco sessões e usei todo o incidente como foco para trabalhar na cura.

Contei essa história para inspirá-lo a pensar em uma situação que gostaria de explorar mais e conhecer as partes envolvidas. Antes de começar, no entanto, quero que perceba que conhecerá um pouco mais sobre as exiladas que suas partes protegem. Na verdade, não chegará perto do exílio, mas para algumas pessoas, apenas conhecê-las pode desencadear gatilhos. Se, a qualquer momento, o exercício parecer excessivo, faça uma pausa e saia da prática, entre em contato consigo mesmo, lembre às suas partes que você ainda está ali. Se ajudar, volte para o interior; se não, pule esse exercício.

Pense em um momento em que era muito provocado por algo. À medida que pensa nessa situação, perceba as partes ativadas e depois escolha uma protetora daquele dente de alho para se concentrar. Depois, dê atenção exclusivamente a essa protetora, encontre-a em seu corpo ou ao redor dele, perceba como se sente em relação a ela. E se sentir algo extremo — medo, por exemplo —, é apenas mais uma parte de você, então mude seu foco para essa parte por um segundo.

Como fizemos antes no exercício do dilema, perceba as duas — a protetora original e a que é hostil com ela — e como ambas lutam dentro de você. Pode também perceber se há qualquer outra protetora que surja para se aliar a qualquer um dos lados ou até mesmo uma terceira posição.

Até aqui, não estamos interagindo com nenhuma dessas partes; estamos apenas tendo uma noção da rede que surge em torno desse gatilho em sua vida. Estamos conhecendo as protetoras envolvidas até agora. Em algum momento, enquanto observa essa dança de protetoras, veja se pode abrir mais sua mente para conhecê-las. Se não conseguir chegar até lá, tudo bem — é o bastante apenas passar o exercício observando. Se ficar de fato interessado em saber do que se trata toda essa atividade, siga em frente e pergunte para cada uma qual vulnerabilidade ela protege. O que ela teme que possa acontecer se não tomar essa posição?

Se suas partes protetoras responderem à pergunta, começará a aprender sobre as exiladas que dirigem respostas extremas. Sem ir diretamente até essas exiladas, veja quantas das suas emoções pode sentir. Consegue adivinhar como são? Pode tornar-se mais consciente de suas vulnerabilidades? À medida que aprende mais sobre o que as protetoras estão tentando proteger, pode ser útil abrir mais seu coração a elas, assim conseguirá ter uma noção maior de com o que elas estão lidando e de quão altos são os riscos. Com frequência, essas protetoras são como os pais que têm uma criança extremamente vulnerável. Eles lutam e se polarizam sobre como é melhor proteger a criança, pois os riscos são muito altos se ela for magoada. A diferença é que essas protetoras não têm idade suficiente para serem pais — normalmente são jovens e estão acima de seus limites tentando fazer o melhor que podem.

Fale que compreende tudo isso. Diga que continuará trabalhando com elas. Fale que está consciente de que elas estão ali — e que não pode visitá-las hoje, mas em algum momento tentará ajudá-las também. Lembre-se, o que acontece no mundo interior tem enormes implicações no exterior. Você está deixando o mundo interior, mas não o esquecerá.

O que acontece no mundo interior tem enormes implicações no que acontece no mundo exterior.

Para alguns de vocês, suspeito que esse exercício tenha sido um pouco difícil, principalmente quando conhecem as exiladas. Pode ser desconcertante saber que elas estão lá, e às vezes — embora eu tenha falado para não ir até elas — você é atingido por dores, medos ou vergonha, assim como os tipos de crenças que elas carregam. Isso pode ser um problema para as protetoras, que tentam mantê-las contidas o tempo todo. Não é incomum se sentir um pouco sobrecarregado, e compreendo que possa ser difícil. Muitas vezes, quando toco uma exilada, mesmo sutilmente, há uma grande reação das partes protetoras que têm medo, ou que podem querer criticá-lo. Mas se conseguir manter a perspectiva que isso acontece só porque elas estão com medo, então pode tranquilizá-las e ajudá-las a se lembrar de quem você é. E talvez isso o ajude a manter os pés no chão.

Você é uma pessoa que tem coragem, confiança, clareza, sente-se conectado e tem os pés no chão. Se estiver sentindo algo que não seja assim, saiba que essas mensagens vêm das partes que não sabem quem você é. Lembre-se de que elas, muitas vezes, acreditam que você é muito mais novo do que é realmente. É útil não se combinar totalmente com elas e entrar em seu mundo. Em vez disso, tranquilize-as, separe-se delas e ajude-as a confiar que essa exploração é difícil, mas que se pode fazê-la porque não é mais criança e está ali para *ajudá-las.*

Exercício: Trabalhando com Gatilhos

Se algumas de suas partes foram ativadas pelo último exercício, eis aqui uma prática para ajudá-lo com isso.

Perceba o que está acontecendo com seu corpo e sua mente depois de ter ido para o mundo interior por alguns minutos. Se há algumas partes ativadas por isso, em vez de se combinar com elas, observe-as. Ao fazer isso, peça que se separarem de você apenas um pouco, assim poderá estar *com* elas, sem *ser* elas, e se ficar interessado em seus gatilhos a partir desse estado mais separado, pergunte por que é tão difícil para elas. O que querem que você saiba? E enquanto está com elas e não dentro delas, veja se pode tranquilizá-las dizendo que ainda está lá. Lembre-as de que você não é jovem e de que pode ajudá-las também. Que compreende que esse é um trabalho duro e assustador para algumas de suas partes, mas que as apoia.

Como está com essas partes de forma compassiva, lembre-as de que você está tomando conta delas e de si mesmo por muito tempo; de que você sabe um pouco como ajudar todas a se sentirem melhor e de que agirá com sabedoria. Quando achar adequado, faça o que for preciso para voltar seu foco de volta para o exterior.

Espero que tenha conseguido fazer esses exercícios e aprendido algo sobre suas protetoras e o que protegem. Quando trabalho com casais e eles entram em conflito, faço com que os dois parem, se concentrem em seu interior e façam uma versão dessas práticas. Faço o mesmo quando minha esposa e eu entramos em conflito. Pausamos, ficamos um momento com nós mesmos, concentramo-nos no interior, encontramos as partes que estão falando, ouvimos, prestamos atenção ao que estão protegendo e depois voltamos e falamos *por* essas partes da forma mais sincera. Quando conseguimos, faz uma grande diferença. Não somos sempre bem-sucedidos, mas geralmente tudo dá mais certo do que quando deixo minhas protetoras assumirem o controle e falarem.

Muitas interações são guerras entre protetoras. Vemos isso nas corporações, nas famílias e na política. Países como os EUA se tornam repletos de polarizações, já que partes de cada lado assumem o controle e conversam entre si. Quando uma parte se torna radical, faz a protetora na outra pessoa igualmente radical, ou até mais, e toda a dinâmica se intensifica com o tempo. Isso é particularmente verdadeiro quando nenhum dos lados confia na liderança geral e há muitas exiladas. E isso acontece em todos os níveis dos sistemas humanos.

Muitas interações são guerras entre protetoras.

Faço treinamento para mediadores, especialistas em resolução de conflitos e ativistas sociais que acham o processo útil. Dizer algo como "Uma parte de mim foi ativada pelo que acabou de dizer e sob essa parte de mim tinha uma parte que estava muito magoada" transmite uma mensagem muito diferente de "Não gosto nada do que acabou de dizer". Isso também leva a resultados previsivelmente diferentes. Ser liderado pelo *self* e representar nossas partes não se trata apenas de passar um tempo em seu mundo interior. Trata-se também de como se vive em seu mundo exterior e se relaciona com as outras pessoas e com as partes delas.

CAPÍTULO DEZ

As Leis da Física Interior

O filme *Uma Mente Brilhante* — sobre o famoso matemático John Nash — começa com o espectador não entendendo que tudo que está vendo é através dos olhos de uma parte paranoica do personagem principal. É um maravilhoso exemplo do que as pessoas vivenciam quando as protetoras se combinam completamente.

Em algum momento, Nash se separa de sua parte paranoica (Parcher, interpretado por Ed Harris), e, junto com ele, descobrimos que é somente uma parte que assumiu o controle de sua mente. Ignorar Parcher e mantê-lo afastado ajuda Nash a funcionar, o que ele faz muito bem o resto de sua vida. Para mim, isso ilustra o quanto as práticas de atenção plena podem ser úteis.

No IFS, daríamos outro passo. Iríamos até Parcher para entender o que ele está protegendo. No final do filme, Nash olha para Parcher, que o observa do outro lado de um campo onde está com um grupo de crianças. Todos olham para Nash tristemente, enquanto ele segue com sua vida e deixa seu protetor e suas exiladas para trás.

Todas as suas partes estão esperando por você lá dentro. E merecem seu amor e sua atenção. Mas antes de chegarmos perto das partes de que mais temos medo, que nos sobrecarregam com emoções brutas e furiosas, temos que aprender a pedir a elas para não nos inundar completamente, tranquilizando-as de que, ao não nos sobrecarregarem, teremos mais possibilidades de ouvi-las e ajudá-las. Na verdade, quando uma parte concorda em não nos sobrecarregar, cumpre o acordo. Essa é uma das leis da física interna. Essa lei permite que você chegue perto das exiladas sem se transformar nelas. Pode sentir alguns de seus sentimentos e combinar-se a elas em um certo nível, mas elas não o tirarão do caminho da forma como fizeram no passado, enquanto o acordo perdurar. Esse acordo nunca foi violado em todos esses anos que tenho trabalhado com o IFS.

Verificou-se que as partes podem controlar o quanto podem sobrecarregá-lo. Isso é difícil para as pessoas acreditarem, pois muitas vezes, quando abrem a porta para as exiladas, são inundadas com todos esses sentimentos sobre os quais acham não ter controle algum. Às vezes o mesmo acontece com as protetoras. Como descobrimos em alguns dos exercícios, elas podem se combinar totalmente com você de forma que passe a ver com os olhos delas e a pensar como elas pensam.

Essa lei da física interior em particular se provou muito valiosa em nosso trabalho com pacientes muito sensíveis, traumatizados ou com diagnóstico grave que ficam aterrorizados em serem sobrecarregados por suas partes, em especial por suas exiladas. A lei nos permite entrar nesses sistemas internos sem utilizar as técnicas de *grounding** que caracterizam outras abordagens de traumas. Novamente, verificou-se que tudo o que precisamos fazer é pedir para uma parte não nos sobrecarregar. Se ela concordar, não o fará. As partes nos sobrecarregam quando acreditam — e frequentemente por boas razões — que precisam assumir totalmente o controle ou serão bloqueadas de novo. O mesmo acontece com os exilados humanos.

Se um paciente fica sobrecarregado — tem um ataque de pânico no escritório, por exemplo —, é porque não fizemos esse acordo com a exilada aterrorizada com antecedência. Quando isso ocorre, não peço para

---

* Técnicas de *grounding* — Técnica de promoção do bem-estar que consiste no contato, direto ou indireto, do corpo com a superfície terrestre. O paciente pode se deitar, ficar descalço, permanecer sentado ou tocar a terra com as mãos. O foco é se reconectar e trocar energias com a natureza. [N. da R.]

o paciente respirar profundamente, olhar-me nos olhos ou sentir seus pés no chão. Simplesmente digo algo como: "Vejo que uma parte com muito medo está aqui agora, e gostaria que você me deixasse conversar diretamente com ela." Então, enquanto falo com a parte, deixo-a saber que é muito bem-vinda e que estou feliz por ela ter conseguido sair. Também digo que será um pouco mais fácil para nós ajudá-la se não se importar de separar um pouco sua energia, assim meu paciente pode ficar com ela também. Na maioria das vezes, a parte em pânico acredita em mim, e, de repente, meu paciente se sente melhor, acessa o *self* novamente e vivencia compaixão pela parte em pânico. E ele pode ficar *com* a parte, em vez de se tornar a parte.

Se Nash tivesse uma sessão comigo e começasse a falar sobre todas as pessoas que estavam ali fora para pegá-lo, eu perguntaria se poderia falar diretamente com a parte que estava dizendo aquelas coisas terríveis. Inicialmente, ele poderia protestar que não era uma parte, que era ele, mas posso ser persistente. Se ele me deixasse falar diretamente com Parcher, perguntaria do que ele tinha medo que acontecesse se não assumisse o controle, e o tranquilizaria dizendo que, se deixasse Nash ficar com ele, poderíamos curar o que ele estava protegendo no interior. Poderia demorar várias sessões antes que Parcher confiasse o suficiente em mim para se separar, mas uma vez que o fizesse, Nash o veria, e em vez de *ser* ele, poderia prestigiá-lo por seus esforços de proteção, e estaríamos a caminho de curar a exilada com a qual Parcher estava tentando lidar.

Essa lei da física interior em particular tem sido inestimável. Estou abordando isso agora com tanta profundidade para assegurar-lhe de que, se uma de suas exiladas ou de seus protetores assumir o controle durante um exercício, é possível convencê-lo a se separar de novo.

> **Não há nada dentro de você que tenha qualquer poder, se você estiver no *self* e não tiver medo dele.**

Há outra lei relativa à física interior que quero mencionar aqui, e você a verá ilustrada em algumas das sessões transcritas neste livro. Não há nada dentro de você que tenha qualquer poder, se você estiver no *self* e não tiver medo. Essa lei também nunca se mostrou falsa nas

As Leis da Física Interior   165

décadas em que tenho feito esse trabalho, e tenha em mente que trabalho com pacientes que têm partes extremamente intimidadoras e são determinadas até mesmo a ferir ou matar a si mesmas ou outras pessoas. E depois fazemos nosso trabalho juntos, e as partes que meus pacientes têm sentido medo por grande parte de suas vidas — partes que se sentem como verdadeiros monstros ou demônios — de repente não podem fazer nada contra eles. As tentativas habituais das partes de controle e intimidação parecem fracas, porque agora o paciente vê o que elas são e como elas têm ficado presas desempenhando um papel.

Dito isso, é também importante saber que, se uma pessoa *sente* medo, essas partes muitas vezes carregam fardos horríveis e podem ter muito poder para fazer as pessoas ferirem a si mesmas ou a outras pessoas. Por isso, estar no *self* e não ser dominado pelo medo é crucial. Também é importante lembrar de que as partes não são o que parecem, e se conseguir ficar centrado nelas, revelarão suas histórias secretas de como foram forçadas a assumir esses papéis extremos. Também informarão o que estão protegendo no interior. Depois disso, você poderá ajudá-las a se transformar também.

Para mim, há algo espiritual nessa segunda lei interior. Se o *self* for, de fato, uma fagulha do divino interior, então faz sentido que ele, sem qualquer combinação, não seja intimidado por nada — inclusive pelo mal aparente — do mundo externo e, em vez disso, trabalhe vigorosamente (mas também amorosa e efetivamente) para curá-lo e transformá-lo.

Entrar em Contato

Neste ponto, você já viu quase todos os exercícios deste livro. Assim sendo, quero estender alguns conselhos ou algumas perspectivas.

Antes de mais nada, se seguiu em uma dessas jornadas que sugeri, pôde descobrir que seu sistema interno está um pouco turbulento. Teve coragem de tentar uma forma diferente e contracultural de conhecer a si mesmo e de se relacionar com suas partes, o que pode ser meio desconcertante no início. Isso é particularmente verdade se estiver sozinho — se as pessoas ao seu redor não entenderem e tiverem dificuldade em apoiá-lo.

Quero prestigiar sua coragem e lembrá-lo do quão importante é tomar conta de si mesmo (e de suas partes) à medida que continua essa jornada. Isso inclui ser paciente com suas reações céticas e de estresse. Certifique-se de realizar muitos encontros e discussões internos e lembre suas partes de quem você é e de quem você não é, do quanto se importa com elas e de que pode ajudá-las.

Isso também significa ouvir o que pode fazer no mundo exterior que possa ajudá-las. Pode também incluir um afastamento maior de algumas pessoas e mais conexão com outras. Ou significar mais tempo com a natureza praticando ioga e práticas de meditação relaxante, tomando banhos com sal de Epsom* ou assistindo os tipos de programas de TV e filmes de que suas partes gostam (que podem não ser exatamente os que você curte). Em geral, se ouvir suas partes, elas o dirão o que ajudaria. Quando o neuropsiquiatra e instrutor de IFS Frank Anderson faz avaliações de medicamentos, pede aos pacientes para perguntarem em seu interior se eles estão ajudando ou não. Suas partes falam para ele como ajustar a dosagem ou se ele deve até mudar o medicamento.

Menciono essas sugestões de autocuidado neste momento devido ao próximo exercício ser um pouco desconcertante.

Exercício: Trabalho Avançado da Protetora

Temos um lema: todas as partes são bem-vindas. Dito isso, há algumas de que temos mais medo ou de que sentimos mais vergonha.

Como você já fez nos exercícios anteriores, fique em uma posição confortável. Se ajudar, respire fundo ou se prepare como se fosse meditar. Por favor, faça isso. Comece entrando em contato com as partes com que já trabalhou antes. Veja como elas estão e lembre-as de que você está ali para apoiá-las e cuidar delas.

Acredito que não dá para crescer nos EUA ou em outros países com longo histórico de racismo e não carregar fardos legados (embora eu ache que pessoas de alguns países não os carreguem). Não importa qual seja a sua raça, não importa quanto trabalho antir-

---

* Sal de Epsom — Seu nome é devido ao local em que ocorre a sua extração, a região de Epsom, na Inglaterra. É um sulfato de magnésio. [N. da R.]

racista tenha feito, ainda é provável que haja uma parte sua que continue carregando esse fardo. Adoro a história que Desmond Tutu conta de uma vez que entrou em um avião e se sentiu orgulhoso ao ver que havia dois pilotos negros. No entanto, durante o voo, ocorreu algum problema técnico, e Tutu se viu preocupado porque não havia um piloto branco!

Isso é apenas para ressaltar que o racismo está em todos nós. E se respondermos a essa parte envergonhando-a e mandando-a para o exílio, criaremos mais racismo implícito, o que significa ainda mais pontos cegos e a manutenção do sistema maior de racismo funcionando.

Portanto, essa é a parte que eu o convido a observar — a racista. A que abriga crenças da supremacia branca e, às vezes, diz coisas desagradáveis em sua cabeça. Já fiz essa prática com muitas pessoas e descobri que, mesmo aqueles que honestamente não estão cientes de seu próprio racismo no início, o descobrirão, se tiverem paciência.

Não estou pedindo que chegue perto dessa parte racista. Apenas quero que perceba como se sente em relação a ela. E quando outra parte se manifestar — particularmente uma que lhe diga estar envergonhada ou com medo —, avise a protetora que deixá-lo se aproximar da parte racista, na verdade, a ajudará a mudar; diga que a abordagem de exclusão não funciona.

Por enquanto, talvez seja suficiente reconhecer que a parte racista existe e se comprometer a trabalhar mais com alguém que possa ajudá-lo. Eis aqui alguns lembretes da perspectiva do IFS para ajudar:

- Essa racista interior é apenas uma parte sua. Grande parte de você não é assim.
- Isso não é um fardo incontrolável de racismo. Como todas as suas outras protetoras, essa parte pode libertar seu fardo e se transformar também.

- Não há vergonha em ter essa parte. O racismo é um fardo legado que está impregnado na cultura.
- Se você for como eu, e várias outras pessoas com quem já trabalhei, esse fardo legado permeia muitas partes, portanto, não fique decepcionado se ele não desaparecer totalmente depois que você libertar o fardo de uma delas.

No final, você pode descobrir que a parte racista é uma protetora e precisar curar a exilada que ela protege antes de libertar seu fardo. Ou a parte pode simplesmente estar carregando um fardo legado cultural de racismo e ficará mais que disposta a libertar seu fardo quando falar para ela que isso é possível.

Como sempre, quando sentir que chegou a um ponto de parada, agradeça suas partes por tudo o que têm feito e volte para o mundo exterior. Faça o que for necessário para relaxar depois desse exercício e cuidar de si mesmo.

Meus pais eram ativos no movimento dos direitos civis, e eu me considerava ativo, ou pelo menos apoiador, dos movimentos progressistas a vida toda. No entanto, quando decidi trabalhar diretamente com questões do racismo, senti muita vergonha ao descobrir uma parte racista dentro de mim. Não sei bem o porquê, mas ela tem sido uma das partes mais difíceis de libertar o fardo. Às vezes ainda me atinge, e tenho que combater seus impulsos e suas crenças gentilmente. Ela é tão jovem e assustada! Acho que acontece o mesmo com muitas pessoas, e um dos meus objetivos é despolarizar a discussão acerca do racismo para promover mais abertura e divulgar o que acontece dentro de nós.

Até você conseguir libertar os fardos das suas partes racistas, é muito melhor apenas ficar ciente delas. Se encontrar alguma, pode lembrá-la, de forma compassiva, de que sabe que ela carrega essas crenças, mas o que ela pensa e diz não é certo. O problema surge quando você entra em guerra com o racismo interno. Como já disse inúmeras vezes neste livro, entrar em guerra contra uma parte normalmente apenas a fortalece. Em geral, quando você a exila e finge que ela não existe, só faz isso para se sentir bem consigo mesmo, tornando muito mais difícil libertar seu fardo e enfrentar o mau em potencial que ela pode fazer.

Eu o incentivo a usar um processo similar com outras partes das quais você se envergonha ou de que tem medo — talvez uma que lhe dê fantasias sexuais embaraçosas, ou a que acha que Donald Trump é ótimo, ou a parte que, secretamente, se deleita quando seus amigos se dão mal, ou a que acredita que os homens *são*, de fato, superiores às mulheres. Todos temos partes que não queremos admitir que temos, mesmo para nós mesmos. Em geral, essas partes são crianças internas, jovens e mal orientadas. E, assim como as crianças externas mal orientadas, merecem orientação e amor, em vez de desprezo, vergonha e abandono.

Sessão Quatro: Andy

Como deve ter adivinhado, estou animado com a possibilidade de que o IFS possa ajudar a libertar o fardo interno do racismo, como também os fardos de negação ou de apatia — qualquer coisa que seja obstáculo para valorizarmos o sofrimento que o racismo sistêmico tem causado e agirmos para enfrentar e reparar esse dano. Tenho experimentado com vários grupos e indivíduos, e essa sessão que incluí aqui serve para ilustrar um pouco desse trabalho.

Em um *podcast* recente, Andy — o entrevistador, que é branco e muito envolvido nas atividades antirracistas — me deu permissão para trabalhar com suas partes racistas.

DICK: Andy, se estiver disposto, seria ótimo trabalhar com sua parte racista.

ANDY: Estou disposto, sim. Isso causa um pouco de ansiedade e vulnerabilidade, mas não estaria nessa jornada se não estivesse aberto a isso.

D: Muito bem, então concentre-se na parte que carrega crenças racistas e que talvez diga algo racista, às vezes, internamente. Veja se consegue encontrá-la no seu corpo ou em torno dele.

A: Acho que podem ser duas partes — uma está em torno da minha boca e dos meus lábios e a outra está mais difícil de encontrar.

D: Certo, primeiro entre em contato com a que está em torno da boca, perceba como se sente em relação a ela.

A: Ele {Andy chama a parte de ele] tem talvez cinco ou seis anos e está em uma lembrança em particular. Sinto compaixão em relação a ele.

D: Fale isso e veja como reage, se quer que saiba mais sobre a cena.

A: A cena é em um restaurante junto com alguém que eu amo e confio muito, é a primeira vez que vejo uma pessoa negra — cresci no subúrbio* e tive uma vida protegida — então perguntei para essa pessoa que estava comigo por que a pele daquele homem era suja. Era apenas curiosidade de criança, mas o adulto ficou muito envergonhado e se afastou rápido de mim e se desculpou com o homem negro e me disse para não fazer mais perguntas como essa. E o que a parte está me dizendo hoje é que ele ainda teme que sua curiosidade possa magoar aquele adulto e as pessoas com a pele da mesma cor da pele daquele homem.

D: Pergunte se ele ainda vive nessa cena do passado.

A: Não, mas ainda teme que aquelas duas pessoas não estejam bem.

D: Certo, então volte lá com ele e ajude-o a ver como eles estão e do que precisam. Agora pergunte para ele o que quer que você faça com ele ou por ele.

A: Ele só quer que os dois homens se conectem — o homem que ele ama e confia e o homem negro, por isso estou ajudando isso a acontecer. Ele está muito feliz! Agora parece completo.

D: Certo, agora vamos tirá-lo da cena para um lugar de que ele goste. Veja se ele gostaria de se livrar das crenças e dos sentimentos que teve na época,

A: Sim, ele gostaria muito.

D: Onde ele está carregando tudo isso?

A: Está na garganta. [*O menino de Andy deixou tudo sair de sua garganta para a luz. O menino se sente feliz, leve e trouxe coragem para seu corpo, o conhecimento de que os adultos também se magoam e de que ele pode ajudar os adultos a se conectarem.*]

D: Você mencionou uma parte mais esquiva. Veja se consegue encontrá-la agora.

A: É meio difícil de descrever, mas a imagem que está surgindo é a de uma cobra ou uma corda que está enrolada em minha coluna.

D: Como se sente em relação a ela?

A: Tenho um pouco de medo.

D: Há uma regra nesse trabalho, a de que nada pode te ferir se não sentir medo, então veja se as partes que estão com medo podem ir para uma sala de espera segura, assim poderemos conhecer essa cobra.

---

* Subúrbio — Nos EUA, diferentemente do Brasil, é um local em que normalmente as pessoas abastadas residem. [N. da R.]

A: Certo, agora fiquei curioso. Ela está me dizendo que tem medo de me deixar vê-la.

D: Pergunte sobre isso — o que ela tem medo de que aconteça?

A: Ela tem medo de que muitas pessoas que amo e me preocupo sejam magoadas e nos magoem em retorno. Por isso ela se sente melhor sendo invisível. Por isso está enrolada e se escondendo. Às vezes ela presume coisas sobre as pessoas com base em como elas se parecem — a cor da pele, características faciais —, e ela sabe que isso é ofensivo.

D: Diga a ela que a ajudaremos a se libertar do que seja que a faz pensar dessa forma — não diremos nada ofensivo para ninguém.

A: Essa parte está aqui desde que eu tinha 13 anos, como consequência de ser tratado como um exilado no ensino médio, por causa do meu peso, interesses estranhos, com quem me relacionava, e quem não se relacionava comigo. Uma defesa que ele, a parte, desenvolveu foi sempre encontrar uma maneira de sentir-se melhor do que as outras pessoas. Ele foi realmente muito maltratado por muito tempo e teve que se entocar no interior.

D: Fale para ele que compreende — faz muito sentido que ele tenha começado a julgar os outros apenas para se sentir melhor consigo mesmo. [*A parte mostra a Andy uma cena em particular numa lanchonete em que ele e seu grupo de amigos foram desprezados por uma garota popular, ele se encolheu e se sentiu humilhado e com raiva. Andy entra na cena e ajuda o menino a ver que a atitude dela não tinha nada a ver com ele e fala com a garota. O menino se surpreende, porque acreditava que não fosse possível ficar perto de pessoas populares, e uma vez que Andy ficou, ele está pronto para sair de lá, e Andy o traz para o presente*].

D: Veja se ele está pronto agora para se libertar de tudo o que carrega dessa época.

A: Sim, ele está pronto — está tudo preso nos ombros e no pescoço. Ele não consegue olhar as pessoas diretamente, tem que virar a cabeça.

D: Onde ele quer soltar tudo isso?

A: No fogo. [*O menino liberta tudo o que há em seus ombros no fogo e agora está até mais alto. Pode ver que, se fosse tratado por outra pessoa da mesma forma que a garota o tratou, poderia conversar com ela e se desculpar. O menino disse: "Poder me ver fazendo isso com a garota foi revelador", então o menino se tornou mais confiante em seu corpo, e também o que ele descreve como "a capacidade de perceber a dor da garota e como ela estava tentando se sentir melhor nos tratando mal".*]

D: Então, Andy, diga a cada uma dessas partes que fará contato com elas todos os dias por um tempo, e volte.

Nesse curto período, Andy conheceu duas partes que são relevantes ao seu trabalho de antirracismo. A primeira carregava muito temor em ser curioso e aberto com as pessoas de outras raças — um medo que Andy tinha que trabalhar muito para superar em seu ativismo. A segunda parte estava usando o racismo para se sentir melhor sobre si mesmo ao pensar "pelo menos eu sou melhor do que essas pessoas". Ao explorar um território como esse, descobri que as partes têm razões diferentes para se prenderem ao racismo ou para não quererem se envolver no seu enfrentamento, mas todas com as quais trabalhei até hoje (inclusive as minhas) são jovens, presas em cenas difíceis, e ficam aliviadas quando libertam seus fardos.

Novamente, eis aqui um princípio fundamental do IFS no trabalho: entrar em guerra contra crenças ou emoções internas de qualquer espécie muitas vezes é contraproducente. Ouvi-las e curá-las é a melhor forma de agir, tudo isso enquanto nos relacionamos com elas com disciplina firme, embora amorosa, liderada pelo *self* até que elas se libertem de seus fardos.

> **Eu descobri que as partes têm razões diferentes para se prenderem ao racismo ou por não quererem se envolver em seu enfrentamento.**

No processo de explorar o que parecem ser seus lados sombrios, você pode também encontrar algo que não se parece com uma parte. Ocasionalmente, encontramos vozes ou imagens que são bem desagradáveis, mas também são mais bidimensionais do que as partes. Chamamos isso de *fardos livres*, pois parecem como pedaços internalizados de ódio ou malignos que nunca se apegam a uma parte — são como fardos livres flutuantes. São o que alguns sistemas psicodinâmicos chamam de *introjeções*. Mas, de novo, uma das leis da física interior é a de que se você está no *self* e não sente medo de uma parte, ela não tem poder sobre você.

As Leis da Física Interior   173

CAPÍTULO ONZE

Corporeidade

Quando as partes começam a confiar no seu *self*, abrem mais espaço para você estar em seu corpo. Quando este for o caso, você sentirá mais as sensações e as emoções, consequentemente, ficará cada vez mais interessado em manter seu corpo fundamentado e saudável. Essa maior sensibilidade ao *feedback* do seu corpo resulta em um maior conhecimento sobre quais alimentos ou atividades são benéficos e quais podem ser prejudiciais. Isso provoca mudanças correspondentes em seu comportamento. Além disso, suas exiladas não precisam mais usar seu corpo para tentar conseguir sua atenção ou puni-lo por ignorá-las, já que podem chegar diretamente a você. Tive muitos pacientes que resolveram problemas médicos crônicos simplesmente por ouvir o que o corpo deles estavam dizendo, em vez de tentar matar o mensageiro.

Algumas tradições espiritualistas reduzem a importância da forma física e, até mesmo, consideram o corpo como um obstáculo à iluminação. Ou seja, ensinam que as necessidades e os impulsos do corpo mantêm as pessoas apegadas ao mundo material, ao passo que o objetivo final é transcendê-lo. Outras vão mais longe e demonizam o corpo e os impulsos carnais. Mas outras veem o corpo como um templo sagrado que deve ser cuidadosamente assistido porque é o templo do espírito. Isso é mais parecido com o que pensamos sobre o corpo no IFS.

Um dos principais objetivos do IFS é que você aumente sua capacidade de ser liderado pelo *self*, tanto no mundo interior quanto no exterior. Quanto mais *self* existir nesses dois reinos, mais os seres se tornarão reconectados, harmoniosos e equilibrados. No entanto, para atuar completamente nos mundos internos e externos, o *self* precisa acessar seu corpo. Precisa estar corporificado.

Se suas partes possibilitaram fazer o exercício do caminho na Parte Dois deste livro, é provável que tenha um vislumbre desse aumento de corporeidade de que estou falando. E se não forem tão cooperativas, em geral, as partes têm boas razões, baseadas no passado, em *não* deixá--lo voltar para seu corpo.

Para atuar completamente nos mundos internos e externos, o self precisa acessar seu corpo.

As pessoas descorporificam por múltiplas razões, mas o trauma está no topo da lista. Quando se enfrenta um trauma em particular, suas partes acreditam, de forma errônea, que precisam proteger seu *self*, assim, empurram-no para fora do seu corpo, é por isso que tantos sobreviventes de traumas descrevem que se observam sendo magoados de fora (e, normalmente, de cima) do corpo. Depois disso, suas protetoras passam a temer a corporificação, devido a continuarem paralisadas na cena do trauma e acreditarem que você tem a idade que tinha quando o trauma aconteceu. Assim, com frequência, pensam que estão protegendo seres muito jovens.

E então, os fardos que você acumula do trauma parecem estar com energia densa no mundo interior e ocupam muito espaço interno, assim, não apenas o *self* é descorporificado, mas esses outros tipos de energia tornam mais difíceis para você se recorporificar. Consequentemente, a maioria de nós vive de forma pouco corporificada, o que significa que não estamos trazendo níveis ideais de liderança do *self* para nossos mundos internos e externos.

Como mencionei anteriormente, joguei futebol americano na faculdade, sofri inúmeros choques na cabeça, e alguns resultaram em concussões. Eu era bem pequeno para jogar futebol e jogava na defesa, o que quer dizer que, com frequência, tinha que correr a toda velocidade em direção ao *running back**, que era muito maior que eu e igualmente rápido. Levou anos de trabalho interno para chegar ao ponto em que pudesse sentir as emoções e as sensações em meu corpo da maneira que sentia no futebol — e eu não era tão sensível antes de começar a jogar.

Meu pai sofria de TEPT (não diagnosticado) da Segunda Guerra Mundial — era capitão de uma unidade médica no exército de Patton e foi encarregado de reidratar todos os sobreviventes de Dachau [campo de concentração no sul da Alemanha], quando o campo foi libertado. Ele tremia de raiva quando me espancava.

Levei a raiva que sentia nessas experiências para o campo de futebol. Quando o bombeiro furioso assumia o controle em um jogo, eu derrubava jogadores no chão sem me importar com as consequências que meu corpo sofreria. Na verdade, dificilmente sentia meu corpo, só depois que o jogo acabava sentia os machucados. A noção de poder, a descarga de adrenalina, a explosão de raiva e os elogios de meus companheiros eram uma combinação potente. Em retrospecto, consigo entender por que nossos bombeiros são tão potentes e viciantes. Os elogios se encarregavam da minha sensação de inutilidade; o poder, a adrenalina e a raiva faziam o garotinho fraco em mim se sentir forte e vivo. Posteriormente, quando minha carreira no futebol havia acabado, eu tinha que conter o desejo intenso de correr em direção a alguém e derrubá-lo.

---

* O running back (RB) é uma posição do futebol americano e futebol canadense que normalmente se alinha no *backfield* (área atrás da linha de *scrimmage* — linha onde a bola é posicionada no início da jogada). O principal papel de um *running back* é correr com a bola, que pode ser passada para ele pelo *quarterback* (membro da equipe ofensiva do time — da qual é líder— e se alinha logo atrás da linha central, no meio da linha ofensiva) ou em um *snap* (o jogador do centro da linha ofensiva passa a bola por baixo das pernas para o *quarterback*) direto do *center*, sendo que ele também pode receber e ajudar no bloqueio. [N. da R.]

Aparentemente, uma parte de mim quer se equilibrar quando se trata do meu pai. Herdei dele muitas qualidades. Era um verdadeiro cientista, corajoso em sua pesquisa na área de endocrinologia e tinha um enorme compromisso em ajudar o mundo. Todos são legados que também influenciaram meu caminho. E meu pai podia também ser muito amável, o que deixava tudo mais confuso quando eu era garoto e ele explodia de raiva.

Outra razão pela qual as protetoras o mantêm descorporificado é que estar em seu corpo fornece às exiladas mais acesso a você. Quando as protetoras o mantêm pelo menos levemente dissociado, entorpecido ou se mantêm em sua mente, não se sente as emoções das exiladas, o que significa que é menos provável que sejam ativadas. É por isso que muitas vezes é difícil convencer as protetoras a permitir a recorporização. Elas temem, acertadamente, que você sentirá as emoções com mais intensidade e se preocupam que isso possa ser excessivo, pois, com frequência, acreditam que você ainda é muito jovem e está em perigo. Além disso, suas protetoras têm mais poder para dominar sua vida quando seu *self* não está corporificado, e resistirão às suas tentativas de corporeidade, se isso significar renunciar ao poder de proteção.

Na verdade, são as protetoras que o convencem a se medicar. As medicações muitas vezes têm efeito de descorporificação, é por isso que podem reduzir certos sintomas. Quando se está medicado, seus bombeiros se acalmam, porque você não será ativado — e não sente tanto. No entanto, como seu *self* está menos corporificado, é mais difícil induzir a cura. Isso não quer dizer que os medicamentos psicotrópicos não sejam úteis, claramente há momentos em que seu sistema só precisa se tranquilizar por um tempo. Dito isso, tente não ficar decepcionado se não conseguir trabalhar muito com o mundo interior quando estiver sob seus efeitos.

Evidentemente, alguns medicamentos — particularmente os psicodélicos que mencionei anteriormente — podem, na verdade, relaxar as protetoras e te permitir maior acesso ao *self*. A meditação também é assim — alguns tipos podem trazê-lo mais para dentro de seu corpo, mas outros são muitas vezes utilizados pelas protetoras para mantê-lo mais descorporificado. Por essa razão, é sempre importante (e muitas vezes surpreendente) perguntar às suas partes se um medicamento ou uma meditação está corporificando mais ou menos o seu *self*. Está usando-os para cura ou para evitar suas exiladas?

Outras razões para a descorporificação inclui dietas não saudáveis, falta de exercícios, vício em aparelhos eletrônicos e o estilo de vida ocidental superocupado e sobrecarregado de trabalho. Associado a isso, obsessão com o tamanho e a aparência do seu corpo — nosso fardo legado de vergonha corporal e percepção da aparência — leva a mais dietas e a constante autoanálise, o que também leva à descorporificação.

Somos convencidos a tentar várias soluções, como fazer mais exercícios, comer alimentos saudáveis, ir mais devagar e meditar mais. Essas práticas podem ser todas benéficas para nos ajudar a recorporificar, mas a menos que nossas partes estejam totalmente de acordo, no final, sabotarão nossas soluções saudáveis. Uma vez que curamos nossas exiladas e nos tornamos mais liderados pelo *self*, não temos que trabalhar tanto para fazer o que é bom para nós — naturalmente, nós as desfrutamos. Nossas protetoras deixam de dirigir nosso ônibus (de qualquer forma, são muito jovens para ter carta de motorista) e nos deixam sentar no banco do motorista. Depois disso, podem nos ajudar a pilotar ou nos alertar sobre os perigos na estrada ou o limite de velocidade, mas confiarão no motorista, enquanto nossas antigas exiladas brincarão nos bancos de trás.

Enquanto se está fora do banco do motorista (e às vezes somos até expulsos do ônibus), suas partes correm desenfreadamente. Elas têm acesso ao seu corpo para *seus* propósitos, e as emoções extremas que carregam o afetarão. Por exemplo, o medo de seus gerentes deixará seus músculos cronicamente tensos, em particular os das costas, dos ombros, da testa e do maxilar. Eles ficam lutando para controlar aparência, comportamento, fala e sensações, da mesma forma que lutam para manter exiladas e bombeiros contidos.

Corporeidade   179

Vários sobreviventes de abusos com quem trabalho têm gerentes que odeiam seus corpos. Eles os culpam por terem necessidades e mantê-los vulneráveis, tornando-os alvos atraentes. Dizem: "Essas necessidades o magoarão, por isso vou lhe entorpecer para que não as tenha mais". Algumas partes tentam não os deixar sexualmente atraentes ou deixá-los imperceptíveis, assim se tornam invisíveis para os predadores. Ou podem encorajá-los a passar fome para controlar seus apetites e minimizar suas necessidades.

A menos que nossas partes estejam totalmente de acordo, no final, elas sabotarão nossas soluções saudáveis.

Faz sentido, de certa forma, que os gerentes tentem controlar seus bombeiros, porque muitos deles — como minha parte amante de futebol americano que ansiava por continuar a correr na direção de alguém — são viciados em adrenalina. Escolhem atividades que liberam hormônios, que os faz sentir eufóricos ou poderosos ou até mesmo assustados, dependendo de como estiverem tentando distraí-lo ou protegê-lo. Mas alguns bombeiros têm uma abordagem diferente — são mais preguiçosos. Abrem mão do esforço e fazem o paciente consumir drogas e alimentos que tenham impacto similar.

No exercício de simulação de incêndio, você olhou através de uma janela uma pessoa que o provoca. Fiz com que sentisse em seu corpo quando uma protetora assumiu o controle e notou os efeitos. Também é importante ter em mente que as partes ainda impactam seu corpo em estados não ativados, já que permanecem paralisadas em seu passado em lugares que as desencadeiam. Muitos bombeiros mantêm a capacidade de assumir totalmente o controle, pois você confiou neles no passado, criou o hábito de deixá-los assumir o controle, e eles se tornaram associados aos poderosos hormônios de que você precisava durante o evento de origem. Seu bombeiro sexual, por exemplo, sempre pode inundar seu sistema com testosterona e fazê-lo pensar apenas em sexo. Mesmo quando suas exiladas estavam muito bloqueadas, quando você não tinha experiências conscientes com elas, a dor, a vergonha, o terror e o desespero que carregavam ainda está em seu corpo. Assim como os hormônios de estresse como o cortisol com os quais estão alinhadas, ainda há a necessidade do bombeiro. Provavelmente o paciente pensa que é uma pessoa altamente sexual, sem perceber o quão arduamente essa parte está trabalhando para protegê-lo.

Também descobri que, por várias razões, as partes visarão órgãos ou sistemas vitais diferentes do seu corpo, deliberadamente, quando não conseguirem chegar diretamente a você. Quando você não escuta uma parte, ela tem um número limitado de opções para atrair sua atenção ou puni-lo se estiver com raiva de você. Ela pode causar pesadelos, trazer lembranças, ataques de pânico ou danificar seu corpo de maneiras ainda piores.

Todos temos falhas ou predisposições genéticas, e nossas partes muitas vezes as conhecem. Assim como no brilhante filme *Divertida Mente*, é como se nossas partes tivessem um painel de controle bem à frente e pudessem apertar nossos botões físicos como quisessem. Tenho predisposição para enxaquecas e asma. Se estou em uma sala muito empoeirada, terei um leve ataque de asma, e isso não tem nada a ver com minhas partes. No entanto, se por alguma razão uma parte quiser, pode apertar o botão de ataque de asma e me afastar. Agora isso quase não acontece mais, graças a Deus, parcialmente porque trabalho muito nisso. De forma semelhante, acho que muitos sintomas médicos são, pelo menos, exacerbados ou iniciados por nossas partes, quando não conseguem chegar até nós diretamente — quanto menos ouvimos, mais severos são os sintomas.

Fiz parte de um estudo sobre artrite publicado no *Journal of Rheumatology*. Cerca de 35 pacientes com artrite reumatoide (AR) se trataram por seis meses com o IFS, e fizemos uma comparação deles com um grupo diferente de 40 participantes que frequentaram aulas sobre AR. O grupo do IFS ficou concentrado em sua dor, curiosos e fizeram as perguntas que normalmente fazemos para as partes. Os participantes eram principalmente mulheres irlandesas católicas que nunca tinham feito terapia e tinham partes cuidadoras ativas que não as deixavam cuidar de si mesmas. À medida que davam atenção à dor em suas juntas, as partes que estavam usando a dor começavam a responder às suas perguntas com algo parecido: "Você nunca cuida de si mesma", "Vamos deixá-la aleijada, assim você não faz mais isso", e "Vamos continuar fazendo isso até que nos escute". Assim que o grupo de IFS começou a ouvir as partes e negociou com as partes cuidadoras para compartilhar o tempo com elas, os sintomas começaram a melhorar. Percebemos uma mudança altamente significativa na manifestação física da artrite, medida por médicos independentes. Algumas pessoas do grupo tiveram remissão completa.[1]

Em outras palavras, quando você se recusa a ouvi-las, pode transformar suas partes em terroristas internas, e elas destruirão seu corpo se for necessário. Infelizmente, nosso sistema médico — quase da mesma forma que um sistema político repressivo — muito frequentemente é feito para matar o mensageiro, em vez de nos ajudar a entender a mensagem.

Quando você se recusa a ouvi-las, pode transformar suas partes em terroristas internas.

Sessão Cinco: TJ

Quero apresentar a próxima sessão transcrita como uma ilustração de como as partes usam nosso corpo quando não as ouvimos. TJ é paramédica, está com 40 anos e queria descobrir se havia algo psicológico na dor crônica que sentia nas costas depois de ter sofrido um acidente de carro há 17 anos.

TJ: Luto há dezessete anos com uma dor na lombar, e ela é debilitante. Eu me esforçava e me exercitava antes, mas passou a doer muito quando fiquei grávida do meu segundo filho. Assim que começo a me mexer, ela inflama. Os médicos dizem que é artrite ou algo parecido. Tudo que eu gostava de fazer na minha vida, como triatlo, é impossível. Parece que meu corpo está me traindo. Também ganhei quatorze quilos e tenho muita vergonha.

DICK: É muita coisa. Tem algum lugar em seu interior em que gostaria de começar?

TJ: Não sei como lidar com a dor. Não sei se ela está tentando me dizer alguma coisa.

D: Podemos dar uma olhada nisso, se quiser. Teremos a mente totalmente aberta — pode não ser nada além de um problema na coluna. Vamos verificar. Concentre-se na dor — presumo que seja nas costas. Ao notá-la, como se sente em relação a ela?

TJ: Não gosto. Estou com muita raiva.

D: Compreendo porque as partes estão com raiva, mas perguntarei a elas se teremos a chance de conhecer a dor de forma diferente, se há algo que elas querem que saibamos. Assim, veja se as que estão com raiva nos darão um pouco de espaço por alguns minutos. [*TJ verifica*] Como está se sentindo em relação à dor agora?

TJ: Ainda estou com raiva.

D: O que a parte que está com raiva precisa para nos dar um pouco de espaço? Talvez uma voz por algum tempo?

TJ: Há um medo que surge que não quer olhar para a que está com raiva.

D: Pergunte ao medo o que ele teme que aconteça se você trabalhar com a raiva.

TJ: Ela poderia desenterrar algum outro trauma horrível.

D: O que aconteceria se você desenterrasse algo horrível?

TJ: Ele acha que eu não conseguirei lidar ou que ela assumirá o controle.

D: Pergunte ao medo quantos anos ele acha que você tem.

TJ: Ele acha que sou muito jovem.

D: Fale para ele que você, na verdade, não é jovem e veja como ele reage.

TJ: Está chocado.

D: Encontre uma forma de convencê-lo de que não é jovem.

TJ: Está resolvido. Ele nos deixará ir até a que está com raiva agora.

D: Como se sente agora em relação a ela?

TJ: Tudo bem.

D: Veja o que ela quer que saibamos.

TJ: Há uma crítica. "Você é preguiçosa, não quer fazer nada."

D: Então precisamos lidar com a crítica. Como se sente em relação a ela?

TJ: Ela é muito grande e muito má.

D: Todas as partes que foram magoadas por ela podem nos dar um pouco de espaço? Quer que eu fale com ela diretamente? [*TJ assente*] Certo, você está aí? [*Assente*] Então, você é muito severa com a TJ, não é mesmo? Por que faz isso com ela?

TJ: Ela é preguiçosa e não quer fazer nada, precisa se mexer. Ela é gorda, feia e desprezível.

D: O que teme que aconteceria com ela se não dissesse isso o tempo todo?

TJ: Ela estaria com 140 quilos, desempregada e seria uma inútil.

D: Está tentando mantê-la em forma e trabalhando.

TJ: Sei que ela tem potencial para voltar a um peso em que possa se sentir melhor e saudável.

D: Então o peso é o seu foco principal?

TJ: Não. A saúde. Quero que ela faça atividades dentro do razoável.

D: Entendi. É claro que você está frustrada com o problema nas costas dela.

TJ: É tão ruim! Eu a deixo motivada, e ela estraga tudo porque fica com dor.

D: Certo. Entendo o seu dilema. Como a vergonha está funcionando para você?

TJ: Não está. A vergonha a faz comer mais ainda, e assim por diante.

D: Está pronta para tentar algo diferente?

TJ: Sim.

D: Você nos daria permissão para voltar até a parte que está com raiva?

TJ: Sim. [*Pausa*] Não consigo encontrar a raiva agora, porque não é permitido. A crítica diz que a raiva é uma emoção inútil e não ajuda em nada.

D: Ela nos dará a oportunidade de ajudá-la? Não é só um monte de raiva, é uma parte desempenhando um papel. Diga para a raiva que é seguro voltar. Diga que está curiosa sobre ela e veja o que ela quer que você saiba.

TJ: Uma bloqueadora surgiu e eliminou tudo.

D: Pergunte o que ela teme que aconteça se ficarmos com a raiva.

TJ: Será feio. Ela assumirá o controle.

D: Diga a ela que isso não acontecerá.

TJ: A raiva está presa. Devo deixá-la sair?

D: Sim, deixe ela sair e veja o que ela quer que saibamos.

TJ: Voltou a ficar tudo branco.

D: Pergunte por que ela voltou.

TJ: Ela quer descrever como é a raiva. É um grande monstro assustador.

D: A que distância você deve ficar dela?

TJ: Alguns metros.

D: Diga às suas partes que nenhuma delas tem qualquer poder, se você não tiver medo. Diga para suas partes assustadas irem para uma sala de espera segura. [*Ela fala*] Como se sente em relação a ela agora?

TJ: Sinto-me interessada.

D: Certo. Fale isso para ela. [*Pausa longa*] Como ela reagiu? O que está dizendo?

TJ: Estou vendo o acidente de carro e o medo que senti.

D: Tudo bem para você vivenciar isso?

TJ: Sim.

D: Fale para ela que você quer verdadeiramente sentir como foi isso para ela.

TJ: Eu estava grávida, e a minha filha de 2 anos estava atrás no carro. Parei no farol vermelho. Tem uma parte reprovadora que diz que eu não devia compartilhar nada e seguir em frente.

D: Coloque-a na sala de espera. Seja um pouco firme com essas partes.

TJ: Eu estava falando ao telefone, porque na época se podia fazer isso, e parei no semáforo. Do nada, um carro bateu na traseira do meu a 90km/h. Como a batida foi muito forte, nós capotamos e paramos frente a frente com a garota que bateu em nós. Entrei na hora no modo paramédico. Tirei a minha filha do banco de trás. Com ela no colo, eu gritava instruções, sem perceber que minha cabeça estava sangrando. Eu temia ter meu filho cedo demais. Me deram drogas para interromper o trabalho de parto que me enlouqueceram. Era assustador e eu me sentia sozinha, acho que nunca processei isso.

D: Verifique se a parte com raiva precisa que você veja mais alguma coisa a respeito.

TJ: Nunca fiquei brava com a motorista que bateu em mim. Nunca cheguei a ficar com raiva. Tudo era dor e preocupação com meu filho. Fui ferida de várias formas. Tem alguma coisa com a parte com raiva, e sinto que preciso ir até lá.

D: Fale para a que está com raiva que está pronta agora.

TJ: Ela está no meu estômago. E está com tanta raiva! [*Ela começa a tremer*].

D: Está tudo bem. Fique com ela.

TJ: Há uma parte que diz que não está tudo bem em ficar com raiva, mas estou com tanta raiva dela! Isso me destruiu por tanto tempo, e ainda assim...

D: Sim, ela tem todo o direito de ficar com raiva. Fale para ela. Ela é realmente bem-vinda e pode ser tão grande quanto quiser.

TJ: Posso me levantar?

D: Sim. Pode se levantar.

TJ: Estou tão envergonhada! Certo... [*grita a plenos pulmões*].

D: Muito bom. É realmente muito bom que essa parte possa estar aqui. Como se sente em relação a ela agora?

TJ: Ela estava presa. Estava verdadeiramente presa.

D: Como está agora?

TJ: Muito mais leve.

D: Ótimo. Pergunte a ela se precisamos tirá-la de lá, se ela ainda está presa lá atrás. [*Ela assente*] Certo, então quero que volte para aquela cena e fique com a parte com raiva e quaisquer outras partes que ainda estejam ali, da forma que precisarem.

TJ: Elas só precisavam ser ouvidas. Ela quer que eu use a minha voz.

D: Então, o que você acha?

TJ: Ela está certa.

Corporeidade   185

D: Você pode precisar trabalhar com as outras partes que não querem que use a sua voz. Ela está pronta para sair daquela época e lugar?

TJ: Sim.

D: Pode ver se há outras partes que estejam presas ali que queiram vir junto.

TJ: Medo, dor, raiva e a parte agradável, todas querem ir.

D: Leve as quatro para um lugar seguro e confortável. [*Depois de uma pausa*] Onde está com elas?

TJ: Em um chalé nas montanhas.

D: Elas estão felizes?

TJ: Estão, sim.

D: Ótimo. Fale para elas que não precisam mais voltar para lá, que cuidará delas. Veja se estão prontas para libertar os sentimentos que têm daquela época.

TJ: Elas não acreditam que tomarei conta delas.

D: Elas têm razão para não acreditar?

TJ: Sim.

D: Diga a elas que esse é outro projeto — que continuará trabalhando com as partes que temem que você tenha voz. Veja se estão prontas para se libertarem do fardo dos sentimentos e das crenças que tiveram no passado.

TJ: Certo.

D: Onde elas querem libertar tudo? Na luz, na água, no fogo, no vento, ou em outro lugar?

TJ: Na neve.

D: Diga a elas para tirarem tudo de seus corpos e deixarem ir embora com a neve. Apenas tirem.

TJ: Certo.

D: Como elas estão?

TJ: Elas querem festejar.

D: Diga a elas para convidar para entrar em seus corpos os atributos de que precisarão no futuro.

TJ: Coragem, conexão, liberdade, voz.

D: Como estão agora? Vamos chamar a crítica e todos as outras protetoras que encontramos para ver como elas reagem.

TJ: Há uma espécie de prazer. A criatividade quer voltar também.

D: Ótimo. Traga a criatividade de volta também. Antes de pararmos, podemos voltar para a dor nas costas e ver como está agora.

TJ: Não há dor nas costas no momento.

D: Pergunte a todas se desempenhavam algum papel na dor nas costas.

TJ: Sim, elas precisavam ser ouvidas. Já faz muito tempo.

D: Fale que, se algum dia elas precisarem de atenção de novo, você as ouvirá. Agora parece tudo completo?

TJ: Sim, mas a raiva está falando para não minimizá-la mais.

D: Como se sente ao ouvir isso?

TJ: Não é muito agradável, mas ela está certa.

D: Talvez você possa se desculpar por minimizá-la e se comprometer a continuar trabalhando com as partes que sofreram com isso. Como se sente agora?

TJ: Mais leve. Impressionada. Obrigada.

Encontrei TJ novamente, um ano depois, quando ela veio fazer outro retiro que eu estava conduzindo. Ela disse que não havia sentido mais dor nas costas desde a nossa sessão. É importante notar que TJ cumpriu sua promessa com suas partes continuando o trabalho com elas por conta própria. Se não tivesse cumprido, provavelmente a dor teria retornado.

Exercício: Meditação do Corpo

Eis aqui o último exercício que quero proporcionar, e está relacionado a essas ideias sobre seu corpo. Depois dessa leitura, provavelmente você está pensando sobre sua relação com seu corpo, talvez sobre alguns sintomas que tem. Portanto, novamente, não quero presumir que qualquer um de seus sintomas ou tensões sejam, necessariamente, resultado de partes. Além disso, não quero causar alguma vergonha ao sugerir que você é quem está fazendo isso consigo mesmo. Essa não é a mensagem que quero passar. Não é *você* que quer ter um sintoma, é só uma pequena parte. Com frequência, essa parte não tem ideia de todos os danos que está causando ao seu corpo ou à sua família, e, uma vez que você finalmente ouça essa parte, ela interromperá o que está fazendo.

Quero convidá-lo agora a se concentrar em seu corpo, e se tiver alguma condição médica, fique livre para se concentrar em sua manifestação. Se não tiver, encontre um lugar em seu corpo que não pareça bem — qualquer ponto de tensão, pressão, congestão, dor ou fadiga. Estamos à procura de um ponto de partida sensorial — um ponto para se concentrar e começar essa exploração. Eu te darei um segundo para encontrá-lo.

Quando o encontrar, coloque sua atenção nele e note como está se sentindo. Pode se sentir frustrado ou derrotado ou deseja se livrar, tudo isso é compreensível. Mas, para nossos propósitos, pediremos a essas partes para nos dar um pouco de espaço, para que assim você possa conhecê-lo. E se for possível, torne-se interessado, pergunte o que ele quer que você saiba.

E, de novo, espere por uma resposta. Todas as suas partes do pensamento que querem especular podem relaxar, e, se não surgir nenhuma resposta, tudo bem. Pode ser uma questão física que não esteja relacionada em nada às suas partes. No entanto, se receber uma resposta, então apenas fique com a sensação como se fosse uma parte de você e faça o tipo de perguntas que fazemos às partes. Por exemplo: "O que você tem medo que aconteça se não fizer o que faz no meu corpo?" Se ela responder a essas perguntas, então entenda de que forma ela está tentando protegê-lo, e poderá mostrar gratidão. Mas pode ser que não seja uma protetora e que só esteja tentando receber uma mensagem de você. Outra pergunta útil seria: "Por que acha que precisa usar o meu corpo?" Ou seja, por que ela acha que não pode conversar com você diretamente? E a pergunta final poderia ser algo como: "O que precisa de mim para não ter que fazer isso com o meu corpo?"

E, novamente, quando chegar a hora certa, você pode agradecer à parte por tudo o que ela compartilhou (se ela compartilhou algo) e começar a mudar seu foco de volta para o exterior, respirando fundo, se isso ajudar.

Essa é uma maneira de praticar uma nova relação com o seu corpo. Sempre que surgir uma sensação ou um sintoma, preste atenção a isso. Qual mensagem estão tentando te enviar?

Pensamentos Finais

Seu mundo interior é real. As partes não são produtos da imaginação nem símbolos da sua psique; nem são simplesmente metáforas de um significado mais profundo. São seres internos que existem em famílias ou sociedades internas, e o que acontece nesses reinos internos faz uma grande diferença em como você sente e como vive a sua vida.

Se não as levar a sério, terá dificuldade em fazer o que está para fazer aqui. Você pode ser capaz de libertar os fardos de suas partes até certo ponto, mas ajudará imensamente entrar em seu mundo interior com plena convicção e tratar suas partes como os seres reais e sagrados que são.

Se não levar suas partes a sério, não se tornará pai, mãe ou líder interno efetivo. Várias formas de psicoterapia podem ajudá-lo a se conectar com as emoções profundamente arraigadas de suas exiladas e pode curá-las até certo ponto. Mas se pensar no processo sob a ótica de expressar uma emoção reprimida, não fará o acompanhamento — e ele é crucial.

Se, por outro lado, você compreender que tem exiladas que precisam muito confiar em você, será mais provável que as visite pelo tempo que seja necessário. Frequentemente, trabalhar com elas assim é o necessário para alcançar a libertação permanente dos fardos, e é o necessário para aprender as lições — por exemplo, de como *tudo merece amor*.

Quando puder amar todas as suas partes, poderá amar todas as pessoas. Quando suas partes se sentirem amadas, permitirão que você conduza sua vida a partir do *self*, que se sinta conectado à Terra e queira salvá-la das partes exploradoras dos outros. Você ampliará o campo do *self* no planeta e contribuirá com a cura dele. Também se sentirá conectado ao campo maior do *Self*.

Quando puder amar todas as suas partes, poderá amar todas as pessoas.

É desafiador pensar que as partes são reais, quando a visão da mente única permeia a maior parte da comunicação e do pensamento do mundo. Nós constantemente perguntamos uns aos outros "O que você quer?", como se houvesse apenas uma pessoa. Perguntamos a mesma coisa a nós mesmos. Então dizemos: "*Eu* quero sair hoje à noite." Embora às vezes possamos dizer algo como: "Uma parte de mim quer ir e outra parte quer ficar em casa." E isso não é comum, e mesmo quando as pessoas falam dessa maneira, a maioria não está falando de uma subpersonalidade literal. Infelizmente, ter muitas personalidades ainda é muito estigmatizado e patologizado.

Anteriormente neste livro, escrevi sobre o *self* ser contagioso. Quando se está corporizado e com outra pessoa, ela não só começa a sentir a presença do seu *self*, como também o *self* dela vem à tona e começa a ressoar. Suas partes protetoras, assim como as dela, sentirão o nível reconfortante do *self* no local e relaxarão, liberando ainda mais energia do *self* corporizado.

Vejo isso o tempo todo quando trabalho com casais, famílias, corporações e outras organizações. Simplesmente manter as pessoas no estado corporizado, enquanto negociam um conflito, faz uma enorme diferença. Com frequência, peço para cada pessoa permitir que eu seja o detector de partes e pauso a ação quando as partes surgem. Faço com que todos — inclusive eu — se voltem para o interior, ouçam suas partes e depois retornem, conversem, franca e sinceramente, do *self* em nome delas.

Também acredito que os países tenham partes e um *self* e que podemos usar um processo semelhante com os líderes desses países; atualmente, o IFS está sendo usado por consultores exatamente nesse sentido. Naturalmente, as partes protetoras são contagiosas também. As polarizações mais significativas são conduzidas por protetoras e seus fardos — crenças e emoções extremas — e se intensificam com as protetoras de outras pessoas. Vemos isso acontecer com grande frequência em nível internacional.

Um dos meus ditados favoritos se aplica aqui: quando búfalos lutam no pântano, quem sofre é a rã. Quando minha protetora chegar até você, quem sairá ferida é a sua exilada (a rã). E quando sua protetora se voltar para mim, quem sairá ferida é a minha exilada, e assim por diante. Nenhuma de nossas protetoras nos permite demonstrar que estamos sendo feridos — nenhum de nós fala por aquelas rãs. Em vez disso, deixamos nosso búfalos pisotearem uns aos outros.

A solução para essas situações é que o *self* das duas pessoas anule o búfalo, confortem e amem nossas próprias rãs e depois tenham coragem de falar uma à outra sobre os danos. Uma vez que cada colega compartilha a experiência de sua exilada, a atmosfera muda de forma palpável, e isso torna possível reparos compassivos e traz benefícios mútuos.

> **Quando búfalos lutam no pântano, quem sofre é a rã.**

Há partes nossas que tentarão nos convencer a não fazer isso. Elas nos dirão que isso é fraqueza, que nos expõe demais mostrar nossas verdadeiras necessidades. A verdade é que a força genuína pode apenas surgir quando nos comunicamos a partir do *self*. Ao fazermos isso, os outros sentirão a força em nossa vulnerabilidade.

Acredito que, ao cuidar de nossas partes dessa forma afetuosa, corporizando o *self* e nos comunicando liderados pelo *self*, não só estamos criando mais harmonia dentro de nós e entre nós e os outros, mas também estamos trazendo mais energia do *self* para o planeta. Uma vez que houver uma massa crítica de energia de *self* em qualquer sistema, a cura acontecerá espontânea e rapidamente.

> **Uma vez que houver uma massa crítica de energia de self em qualquer sistema, a cura acontecerá espontânea e rapidamente.**

É isso de que precisamos. Parece que estamos vivendo em um período crucial da história de nossa espécie, a necessidade de uma massa crítica do *self*

Pensamentos Finais 191

nunca foi tão grande. Eu costumava acreditar que o *self* não tinha programação, mas não acredito mais nisso. Talvez *programação* não seja a melhor palavra, mas, em minha experiência, o *self* tem verdadeiramente um propósito ou um desejo de promover a conexão, a harmonia, o equilíbrio e corrigir injustiças. Mas, diferentemente de nossas partes, o *self* não está ligado a esse acontecimento de forma em particular, ou pelo menos não prontamente. O *self* tem uma perspectiva mais ampla e de longo prazo. Acredito que seu *self* individual seja parte de um campo maior do *Self* que pode harmonizar interações humanas. Sempre que você age a partir do *self* ou ajuda a expandi-lo aos outros, está contribuindo para o crescimento do campo e da capacidade de afetar o mundo. Isso dá mais significado não apenas ao que os terapeutas do IFS fazem em seus consultórios, mas também aos nossos pequenos atos não testemunhados de integridade ou compaixão — inclusive amar nossas próprias crianças internas e externas.

Essa perspectiva de campo nos ajuda a compreender como o *self* e as partes que carregam fardos são contagiosos, porque são todos os aspectos dos campos também. E se vemos a Terra como um organismo vivo e sensível, é como se o *self* estivesse cada vez mais obscurecido pelos campos criados pelas maneiras desumanas com as quais temos tratado o planeta e uns aos outros. Quando vemos líderes nacionalistas de direita surgirem em diferentes países ao redor do planeta, que estão usando as mesmas táticas desprezíveis de manipulação, é como se esses países estivessem sendo envolvidos pelo mesmo campo obscuro.

Isso torna a libertação de nossos fardos e dos outros muito importante. Ao fazer isso, diminuímos o poder desse campo obscuro e fortalecemos o campo do *self* da Terra. Para isso, precisamos trabalhar juntos. Construir comunidades de apoio para que essas mudanças aconteçam, principalmente quando vistas como contraculturais, difíceis de serem mantidas por conta própria. Precisamos estar com pessoas que possam nos dizer que não estamos loucos, mesmo que o resto do mundo possa discordar. Eu não teria persistido em criar o IFS se não fosse pelo pequeno grupo de colegas que estavam experimentando junto comigo e validando uns aos outros. Se estiver curioso e quiser aprender mais, o

Instituto de IFS patrocina muitos grupos do Facebook ou listservs, assim como cursos online.

Para resumir, eis aqui o que estou sugerindo:

1. Liderar nossas vidas no *self* o máximo possível e encontrar maneiras de ajudar mais pessoas a fazer o mesmo.

2. Curar-nos (libertar os fardos) uns aos outros.

Da mesma forma, estou convencido de que há formas de ajudar grandes grupos a descobrir e a libertar os fardos legados culturais como racismo, individualismo, consumismo, materialismo e sexismo. Dito isso, neste trabalho maior, acho que é um erro diminuir a importância de libertar nossos fardos individuais. Enquanto nossas partes se sentirem seguramente apegadas a nós, à Terra e ao *Self*, teremos protetores que anseiam por poder, adoração, coisas materiais e status — tudo o que nos mantém separados dos outros e inconscientes das consequências de abusar da Terra.

Nenhuma dessas mudanças é possível se aderirmos ao paradigma atual da mente e da natureza humana. Não basta simplesmente abordar problemas específicos — iniciativas de energia verde, por exemplo —, porque, enquanto continuarmos a ver os seres humanos como egoístas, independentes e desconectados, continuaremos a nos relacionar com nossas partes de maneiras a torná-las cada vez mais extremas, e uma série de problemas que enfrentamos agora encontrará outras formas de se manifestar. Por outro lado, desafios como a pandemia do coronavírus e o desenvolvimento de crises ecológicas podem romper nossa negação e senso de superioridade cultural o suficiente para abrir espaço para um novo paradigma.

> **Há formas de ajudar grandes grupos a descobrir e a libertar os fardos legados culturais.**

Quando estamos em *self*, lembramos de nossa conexão com nossas partes, outras pessoas e a Terra. Vemos uns aos outros como seres sagrados e nos relacionamos com amor e respeito. Também lembramos de nossa conexão com o *self* e podemos receber orientação sábia a partir desse nível de consciência. Ao sermos liderado pelo *self*, encontramos nossa visão naturalmente e agimos de acordo com ela, e ao fazer isso, as coisas materiais não parecem tão importantes como antes. Relaxamos e desaceleramos. Aumentamos o campo do *self* no planeta e trabalhamos para reduzir os campos dos fardos que o englobam.

Tem sido maravilhoso compartilhar essa fantástica jornada com você. Escrever este livro me encorajou a explorar mais, esclarecer e consolidar minhas crenças sobre o lado espiritual do IFS, e sou grato por isso. No processo, encontrei e trabalhei diversas partes de mim mesmo — a que usa a voz do meu pai para me atormentar dizendo o quanto tudo isso não é científico, a que se preocupa que eu esteja sendo muito imponente com todas essas declarações sobre o mundo e como ele poderia ser, e a que ainda duvida da realidade do mundo interior, apesar de décadas de evidências.

À medida que fui libertando cada um dos fardos dessas partes, pude sentir pura gratidão por essa oportunidade e por você ter interesse o suficiente nessas ideias para pegar este livro e lê-lo até aqui. Espero que o ache útil de alguma forma, e que o *self* esteja com você!

Notas

Epígrafes

1. Robert Pirsig. *Zen e a Arte da Manutenção de Motocicletas: Uma Investigação sobre os Valores*. Nova York: Morrow, 1974.
2. Gus Speth, conforme citação em "We scientists don't know how to do that... what a commentary!" WineWaterWatch.org, 5 de maio de 2016, <winewaterwatch.org/2016/05/we-scientists-dont-know-how-to-do-that-what-a-commentary/>.
3. Thomas Merton, *Conjectures of a Guilty Bystander*. Nova York: Image Books, 2009).

Introdução

1. Daniel Christian Wahl. "[We Are] a Young Species Growing Up," Medium, 13 de janeiro de 2018, <medium.com/age-of-awareness/we-are-a-young-species-growing-up-3072588c5a82>.
2. Jimmy Carter. "A Time for Peace: Rejecting Violence to Secure Human Rights," de 18 a 21 de junho de 2016, transcrição postada em 21 de junho de 2016, discurso no Fórum Anual dos Defensores dos Direitos Humanos do Carter Center, <cartercenter.org/news/editorials_speeches/a-time-for-peace-06212016.html>.

Capítulo Um: Somos Todos Múltiplos

1. Jonathan Van Ness. *Over the Top: A Raw Journey to Self-Love*. Nova York: HarperOne, 2019, 5–6.
2. John Calvin. *The Institutes of the Christian Religion: Books First and Second*. Altenmünster, Alemanha: Jazzybee Verlag, 2015.
3. Rutger Bregman. *Humanidade: Uma História Otimista do Homem*. Nova York: Little, Brown, 2020, 17.

4. Para uma revisão completa desse e de estudos relacionados, consulte Rutger Bregman, *Utopia para Realistas: Como Construir um Mundo Melhor* (Nova York: Little, Brown, 2017).
5. Van Ness. *Over the Top*, 173.
6. Van Ness. *Over the Top*, 261.
7. Ralph De La Rosa. *The Monkey Is the Messenger: Meditation and What Your Busy Mind Is Trying to Tell You*. Boulder, CO: Shambhala, 2018, 5.
8. Matt Licata. *The Path Is Everywhere: Uncovering the Jewels Hidden Within You.* Boulder, CO: Wandering Yogi Press, 2017, 72.
9. Jeff Brown. *Karmageddon*, dirigido por Jeff Brown e Paul Hemrend (Ontário, Canada: Open Heart Gang Productions, 2011), documentário, 2 horas.
10. Brian Gallagher. "The Problem with Mindfulness," *Facts So Romantic* (blog), Nautilus, 30 de março de 2018, <nautil.us/blog/the-problem-with -mindfulness>; e Lila MacLellan. "There's a dark side to meditation that no one talks about," *Recesses of Your Mind* (blog), Quartz, 29 de maio de 2017, <qz.com/993465/ theres-a-dark-side-to-meditation-that-no-one-talks-about>.
11. Saul McLeod. "Bowlby's Attachment Theory," Simply Psychology, atualizado em 2017, <simplypsychology.org/bowlby.html>.

Capítulo Dois: Por que as Partes Se Combinam

1. T. Berry Brazelton. *Infants and Mothers: Differences in Development.* Nova York: Dell, 1983.
2. Correspondência de acompanhamento com Sam pelo autor.

Capítulo Três: Isso Muda Tudo

1. Henry Wadsworth Longfellow. *Poems and Other Writings*, ed. J. D. McClatchy. Nova York: Library of America, 2000.

Capítulo Quatro: Mais dos Sistemas

1. Fritjof Capra e Pier Luigi Luisi. *Visão Sistêmica da Vida: Uma Concepção Unificada e Suas Implicações Filosóficas, Políticas, Sociais e Econômicas.* Cambridge, UK: Cambridge University Press, 2014.
2. Universidade de Liverpool. "Study Finds Psychiatric Diagnosis to be 'Scientifically Meaningless,'" Medical Xpress, 8 de julho de 2019, <medicalxpress.com/news/2019-07-psychiatric-diagnosis -scientifically-meaningless.html?fbclid=IwAR07fYCVRQr01 rjrQGn6_dfRCHtELXf2bBeWB-J02t2mXYQRBY5fSsK_8ss>.
3. Donella Meadows. *Thinking in Systems: A Primer.* White River Junction, VT: Chelsea Green, 2008, 163.
4. Rutger Bregman. *Humanidade: Uma História Otimista do Homem.* Nova York: Little, Brown, 2020.
5. Bregman. *Humanidade*, 344.

6. Charles Eisenstein. *The More Beautiful World Our Hearts Know Is Possible*. Berkeley, CA: North Atlantic Books, 2013, 107.
7. Meadows. *Thinking in Systems*, 155.
8. Jordan Davidson. "Scientists Warn Worse Pandemics Are on the Way if We Don't Protect Nature," EcoWatch, 17 de abril de 2020, <ecowatch.com /pandemics-environmental-destruction-2645854694.html?rebelltitem =1#rebelltitem1>.
9. Eisenstein. *The More Beautiful World*.
10. Meadows. *Thinking in Systems*, 184.

Capítulo Cinco: Mapeando Nossos Sistemas Internos

1. Robert Bly. *A Little Book on the Human Shadow*, ed. William Booth. Nova York: Harper Collins, 1988.

Capítulo Seis: Cura e Transformação

1. Michael e Annie Mithoefer, estudo não publicado.
2. Kathryn Jepsen. "Real Talk: Everything Is Made of Fields," Symmetry, 18 de julho de 2013, <symmetrymagazine.org/article/july-2013/real-talk -everything-is-made-of-fields>.
3. Tam Hunt. "The Hippies Were Right: It's All about Vibrations, Man!" *Scientific American*, 5 de dezembro de 2018, blog.<scientificamerican.com /observations/ the-hippies-were-right-its-all-about-vibrations -man/?fbclid=IwAR3Qgi8LisXgl-S2RO5mBtjglDN _9lJsVCHgjr0m9HR4gBhO83Vze8UeccA>.
4. Ver Jenna Riemersma, *Altogether You: Experiencing Personal and Spiritual Transformation with Internal Family Systems Therapy* (Marietta, GA: Pivotal Press, 2020); e Mary Steege e Richard Schwartz, *The Spirit-Led Life: A Christian Encounter with Internal Family Systems* (Scotts Valley, CalifórniaA: Createspace, 2010).

Capítulo Sete: O Self em Ação

1. Charles Eisenstein. *The More Beautiful World Our Hearts Know Is Possible*. Berkeley, CA: North Atlantic Books, 2013.
2. Correspondência de acompanhamento de Ethan pelo autor em 26 de junho de 2020.

Capítulo Oito: Visão e Propósito

1. Wendell Berry. *The Unsettling of America: Culture and Agriculture*. San Francisco: Avon Books, 1978.
2. Jean Houston. *A Mythic Life: Learning to Live Our Greater Story*. San Francisco: Harper, 1996.
3. Abraham Maslow. *Motivation and Personality*, 3. ed. Robert Frager, James Fadiman, Cynthia McReynolds e Ruth Cox (eds.). Nova York: Longman, 1987.
4. Scott Barry Kaufman. *Transcend: The New Science of Self-Actualization*. New York: Penguin Random House, 2020, 117.

5. Dan Siegel. *Aware: The Science and Practice of Presence*. Nova York: TarcherPerigree, 2018, 10.
6. Charles Eisenstein. *The More Beautiful World*. Berkeley, Califórnia: North Atlantic Books, 2013, 59.
7. Eisenstein. *The More Beautiful World*, 85.
8. David T. Dellinger. *Revolutionary Nonviolence: Essays by Dave Dellinger*. Indianápolis: Bobbs-Merrill, 1970.
9. Robert Greenleaf. *Servant Leadership*. Mahwah, NJ: Paulist Press, 1991, 13–14.
10. Mihaly Csikszentmihalyi. *Flow: The Psychology of Optimal Experience*. Nova York, Harper & Row, 1990.
11. Alice Walker. *A Cor Púrpura*. Nova York: Mariner Books, 2003.
12. Steve Taylor. *Waking From Sleep: Why Awakening Experiences Occur and How to Make Them Permanent*. Carlsbad, Califórnia: Hay House, 2010.
13. Mary Cosimano. "Love: The Nature of Our True Self: My Experience as a Guide in the Johns Hopkins Psilocybin Research Project", MAPS *Bulletin Annual Report* 24, nº 3 (inverno de 2014): 39–41, <maps.org/news-letters/ v24n3/v24n3_p39-41.pdf>.
14. Alex Lickerman e Ash ElDifrawi. *The Ten Worlds: The New Psychology of Happiness*. Deerfield Beach, Flórida: Health Communications, 2018, 296.
15. Ken Wilber. *The Essential Ken Wilber: An Introductory Reader*. Boston, MA: Shambhala, 1998.
16. Ralph De La Rosa. *The Monkey Is the Messenger: Meditation and What Your Busy Mind Is Trying to Tell You*. Boulder, CO: Shambhala, 2018, 6–7.

Capítulo Onze: Corporeidade

1. Nancy Shadick *et al.* "A Randomized Controlled Trial of an Internal Family Systems-Based Psychotherapeutic Intervention on Outcomes in Rheumatoid Arthritis: A Proof-of-Concept Study," *Journal of Rheumatology* 40, nº 11 (novembro de 2013): 1831–41, <doi.org /10.3899/jrheum.121465>.

Índice

A

abertura e reconexão, 132

abordagem
   de liberação de restrição, 140
   reducionista-mecanicista, 62

Abraham Maslow, 133

acesso direto, 49

A Cor Púrpura, filme, 146

adaptações cognitivas, 19

Agostinho, 10

alters, 7–8

altruísmo externo, 136

anatta, 145

antagonistas opioides, 21

antipsicóticos, 85

antirracismo, 173

antirracista, 167

Árvore Bodhi, 14

ataques de pânico, 181

atenção plena, 15, 28

ativação das exiladas, 82

atman, 108

atores internos, 8

ausência de pensamentos, 96

autoatualização, 133

autocontrole, 10

autocuidado, 167

autodisciplina punitiva, 11

autossacrifício, 144

B

banhos com sal de Epsom, 167

Bentham Nietzsche, 10

Bramã, 33

Buckminster Fuller, 2

Buda, 14

budismo, 107, 145, 150

bulimia, 24

Burke, 10

buscadores, 81

C

Calvino, 10

campo vibratório, 106–110

cavernas ou abismos interiores, 101

cetamina, 148

chamado da verdade, 132

chi, 36

cibernética, 62

ciclo
de equilíbrio, 68
de estabilidade, 68
de retorno, 68

círculos viciosos
de estabilidade, 82
de reforço, 66–68, 88
de retorno, 82

compaixão, 192

compulsão alimentar, 91

conectividade, 96, 144

conflitos internacionais, 56

conjunto de partes, 14

consciência
expandida, 112
testemunha, 102

consumismo, 193

consumo de drogas, 180

contágio, 143–144

corporeidade, 73

corporificação, 37, 72, 98
do self, 105

crenças, 32
e emoções, 19
extremas, 63

criança interior, 75

crianças parentificadas, 79

cristianismo, 51–52, 107–108

críticos internos, 18, 32, 57

cuidador primário, 112

D

Dalai Lama, 59–60

dança de protetoras, 159

Daniel Christian Wahl, 2

Dan Siegel, 134

defesas, 79

dente de alho, 29, 157–158

depressão crônica, 22

descorporificação, 178–179

destruidor de injustiça, 114

desvio espiritual, 14, 80

deusa Maya, 13

divino interior, 166

divisão, 28
competitiva, 67

Donald Trump, 113

doutrina da depravação total, 10

doze passos, 12

E

ecologia, 62

efeito
nocebo, 64
placebo, 64

Efésios 2:10, 132

ego, 99, 102, 131
observador, 102

emoções extremas, 8, 63

energia
do self, 96
vibrante, 96

enteléquia, 132

episódios de ódio a si mesmos, 84
equilíbrio, 142
Escala da Crença na Unicidade, 149
essência espiritual, 148
estado
   corporizado, 190
   de não-dualidade, 105–110
   de onda, 106–110, 112, 141–146
   de partícula, 105–110
estados de fluxo, 146
exercício do mapeamento, 34
exiladas, 75–76, 78–79, 92
expectativas negativas, 64
experiências culminantes, 149

F

faixa homeostática, 69
família interna, 63
fardos, 15, 40, 51–53, 75–76, 176, 193
   alívio dos, 21
   de ódio, 22
   de responsabilidade, 99
   do terror, 94
   legados, 20, 109, 179, 193
   livres, 173
   pessoais, 20, 153
feedback do seu corpo, 175
fenômeno de auto-organização espontânea, 107–110
física quântica, 105
fluxo, 145
força de vontade, 10
forças

instintivas egoístas, 10
   intuitivas agressivas, 10
fractais, 52
fragmentação da mente, 8
Frank Anderson, neuropsiquiatra, 167
Freud, 10

G

gerentes, 78
   internos, 98
Gestalt-terapia, 23
gratidão, 58

H

harmonia interna, 144
hipersexual, 11
Hobbes, 10
homeostática, 134

I

id, 77
imanência, 141, 143
impulsos
   malignos, 10
   pecaminosos, 19
   primitivos, 10
   suicidas, 84
individualismo, 193
indulgência, 102
integração flexível, 133
introjeções, 173

J

John Bowlby, 20

K

kundalini, 36

L

leis da física interior, 164–165, 173
libertação dos fardos, 125
liderado pelo self, 133
liderança
  altruísta, 144
  do self, 99
  geral, 161
  servidora, 144–145
líder interno ativo, 8
Lutero, 10

M

Maquiavel, 10
marcadores, 96
marcha do progresso, 68
massa crítica de self, 102
materialismo, 193
Matt Licata, psicoterapeuta, 14
mecanismos homeostáticos, 81
medicamentos
  psicodélicos, 104
  psicotrópicos, 178–179
meditação, 13, 28, 82
  budista dzogchen, 107
  de atenção plena, 15–16
  relaxante, 167
  transcendental, 108
mente
  de macaco, 13
  desperta transcendente, 141

única, 7
mindfulness e autocompaixão, 34
modelos de trabalho interno, 20
momento traumático, 20

N

não dualidade, 146
natureza humana, 10
neoliberalismo, 3
Nova Era, 157–158

O

objetivos básicos do IFS, 37
obstáculos internos, 8
oito Cs, 100–102, 149
olhos da mente, 95
organizadores poderosos, 20

P

padrões de relacionamento, 63
pandemia do coronavírus, 2, 11,
  68–69, 193
paradigma
  da mente única, 8, 13, 15, 76
  mudança de, 75
  novo, 193
parentificação, 31, 40
partes, 7
  agressoras, 23
  hipervigilantes, 22
  impulsivas, 12
pensamentos
  em conflito, 8
  irracionais, 8
  racionais, 8

sistêmicos, 61
personalidade múltipla, 7–8
personalidades autônomas, 8
polarizações, 190
  internas, 9
pontos de partida, 27
prana, 36
prática contemplativa, 13
práticas
  de atenção plena, 163
  espirituais, 13
prazeres hedonistas, 13
processo de atualização, 38
programação, 192
programas de recuperação, 21
protetoras, 75, 92
  no exílio, 77, 84
psicologia do desenvolvimento, 111
psicoterapia, 33, 189
psilocibina, 148
psique, 10, 189
pura consciência, 96

R

racismo, 168, 193
  histórico de, 167
  implícito, 168
racista interior, 168–169
Ralph De La Rosa, 13
reconexão divina, 53
relacionamentos externos, 15
renunciar ao poder de proteção, 178
ressonância, 144
Revolução Industrial, 68

Robert Greenleaf, 144

S

sargento de treinamento
  interno, 11–12
Sean Carroll, físico teórico, 106
sede da consciência, 103
self, 1, 25, 28
  corporizado, 190
  energia do, 36, 97
  liderança do, 130
  puro, 146
  transcendente, 142
  vislumbres do, 107
sensação
  de bem-estar, 96
  de inutilidade, 20, 177
senso de superioridade cultural, 193
sexismo, 193
sistema
  de crença, 7
  de partes, 8
  interno, 166
sistemas psicodinâmicos, 173
situações de gatilho, 140
Steve Taylor, 147
surto psicótico, 84

T

Tao, 33
técnicas de grounding, 164
teoria
  do apego, 20, 111
  do verniz, 10, 64–66

psicológica, 108
terapeuta da família, 15, 24, 62
terapia
  de casal, 126
  familiar, 24
tradições
  contemplativas, 142
  espiritualistas, 175
  hindus, 13
transcendência, 141, 143
transferência
  negativa, 112
  positiva, 112
transtorno
  bipolar, 85
  de estresse pós-traumático
    (TEPT), 12, 104
  de personalidade borderline, 22
  de personalidades múltiplas, 7, 16
  dissociativo de personalidade, 7, 52
transtornos alimentares, 22
trauma, 142, 176
Tucídides, 10

U

Uma Mente Brilhante, filme, 163

V

Van Ness, 13
visão obscura, 3
vulnerabilidade, 50

Projetos corporativos e edições personalizadas dentro da sua estratégia de negócio. Já pensou nisso?

Coordenação de Eventos
Viviane Paiva
viviane@altabooks.com.br

Contato Comercial
vendas.corporativas@altabooks.com.br

A Alta Books tem criado experiências incríveis no meio corporativo. Com a crescente implementação da educação corporativa nas empresas, o livro entra como uma importante fonte de conhecimento. Com atendimento personalizado, conseguimos identificar as principais necessidades, e criar uma seleção de livros que podem ser utilizados de diversas maneiras, como por exemplo, para fortalecer relacionamento com suas equipes/ seus clientes. Você já utilizou o livro para alguma ação estratégica na sua empresa?

Entre em contato com nosso time para entender melhor as possibilidades de personalização e incentivo ao desenvolvimento pessoal e profissional.

PUBLIQUE
SEU LIVRO

Publique seu livro com a Alta Books. Para mais informações envie um e-mail para: autoria@altabooks.com.br

 /altabooks   /alta-books   /altabooks   /altabooks

CONHEÇA OUTROS LIVROS DA **ALTA BOOKS**

Todas as imagens são meramente ilustrativas.

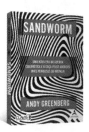 

Impressão e Acabamento | Gráfica Viena
Todo papel desta obra possui certificação FSC® do fabricante.
Produzido conforme melhores práticas de gestão ambiental (ISO 14001)
www.graficaviena.com.br